写给青少年的
生命教育课

李春花　赵恺琪　编著

海燕出版社

·郑州·

图书在版编目（CIP）数据

写给青少年的生命教育课 / 李春花，赵恺琪编著. — 郑州：海燕出版社，2024.5
ISBN 978-7-5350-8776-8

Ⅰ.①写… Ⅱ.①李… ②赵… Ⅲ.①生命哲学–中学–教学参考资料 Ⅳ.①G634.203

中国版本图书馆CIP数据核字（2022）第242367号

写给青少年的生命教育课
XIEGEI QINGSHAONIAN DE SHENGMING JIAOYU KE

出 版 人：李　勇		责任印制：邢宏洲	
策划编辑：王　敏		责任发行：贾伍民	
责任编辑：王　敏		装帧设计：张伯阳	
数字编辑：马晓羽		封面绘图：羡　笙	
责任校对：李培勇　郝　欣		内文插图：曹永杰	

出版发行：海燕出版社

　　　　　地址：河南自贸试验区郑州片区（郑东）祥盛街 27 号
　　　　　网址：www.haiyan.com　邮编：450016
　　　　　发行部：0371-65734522　总编室：0371-63932972
经　　销：全国新华书店
印　　刷：河南瑞之光印刷股份有限公司
开　　本：710毫米×1000毫米　1/16
印　　张：11
字　　数：160 千字
版　　次：2024 年 5 月第 1 版
印　　次：2024 年 5 月第 1 次印刷
定　　价：35.00 元

如发现印装质量问题，影响阅读，请与我社发行部联系调换。

目 录

第一课 | 漫漫长路：生命是一个奇迹

　　是这些生命，把我们的行星从一个绕行着年轻恒星运转并饱受撞击的炙热石块，打造成今日宇宙中一座充满生机的灯塔。也是这些生命，这些微小的光合细菌，净化了海洋与大气，让它们充满氧气，将我们的行星染成蓝色与绿色。受到这种充满潜力的新能源的驱动，生命爆发了。

——尼克·莱恩《生命进化的跃升》

宇宙中的生命：最普通也最伟大

生命虽然看似常见普通，却是这个宇宙中最伟大的奇迹。一粒种子若得到充足的水分、适宜的温度和充分的氧气，就能开始呼吸，就能把原本七零八落的碳、氢、氧等元素和其他元素组合起来，变成一棵参天大树，或是一株葱翠小草。人体也不过是亿万个游离的原子——碳、氧、氢、氮、一点儿钙、一点磷，再加上一些别的元素，以某种方式聚集在一起的而已。人和其他生物在成分上相差无几，只不过所占比例不同、组合方式有异，却造就了人和其他生物的天渊之别。

作为人在地球上存在有什么了不起的吗？当然非常了不起！如果梳理一下这个宇宙的诞生过程就会发现，生命的产生是多么不易，人类的出现又何其偶然。

生命知识窗：宇宙的诞生过程

根据大爆炸宇宙学的观点，人类所处的宇宙产生自100多亿年前的一场大爆炸，在爆炸的最初几分钟，宇宙急剧膨胀，温度不断下降，宇宙中不同物质之间的力相互作用，发生了巨大的核反应，在此阶段形成了大量的氢、氦和微量的锂元素。这三种元素就成为宇宙形成初期的主要元素。而组成人体的主要元素——碳、氧、氮、钙、磷等，还完全不见踪迹。如果宇宙就这样均匀地膨胀和冷却下去，这个只有氢、氦和锂元素的宇宙就不会有恒星和行星，也不会有生命出现。

幸运的是，宇宙中物质的分布不是绝对均匀的，而是存在着微小的浓度差异，在引力作用下，浓度稍高的地方将周围的气体吸引过来，使自己质量增大，从而吸引更多气体，如此持续直到形成星球。之后，星球内部在压力和温度的综合作用下，发生一系列复杂的核反应，最终形成了碳、氧、氮、钙、磷等基本的生命元素。

从产生化学元素到小分子、从小分子到大分子、从大分子到细胞结构乃至生命出现，真的需要"过五关斩六将"，只要其中任何一个步骤的发展情形不同，生命就无从产生。更何况，从原始生命出现到人类主宰地球，更是经历了千难万险：地球上曾存在过亿万物种，其中的99%已经不复存在。生命在地球上九死一生却万载不衰，在惊心动魄的旅程中书写了生生不息的恢宏篇章，并把这个硕大无朋、生机盎然的球体托付给人类，这实在是生命的伟大，更是人类极不寻常的好运气。

而人类何以值得托付？从身体条件来讲，人类实在太过普通——跑不快也跳不高，不会飞天也不会遁地，没有尖牙利爪也没有鳞片铠甲，不会释放烟雾也不会喷射毒液。人类的伟大在于我们有独立思维和自主意识，这支撑我们创造了璀璨夺目的文明，成了地球生命的杰出代表。

进化中的生命：最崎岖也最幸运

一、生命之路何其漫长

这是一个太过久远的故事，而在故事的最开始还远没有人类，甚至没有一只跳蚤。那是大约 46 亿年前，地球刚刚诞生，天空中或赤日炎炎，或电闪雷鸣，地面上火山喷发，熔岩横流。流动的熔岩收缩冷却，凝固成了地壳；火山喷出的水蒸气凝结汇流，形成了原始海洋。广袤无垠的海洋在沸腾翻滚了几亿年之后，终于在距今约 38 亿年前，诞生了最原始的生命体。没有人确切地知道最初的生命体是什么样子，迄今为止最接近的证据来自化石发掘，印刻着地球生命的最早样貌——单细胞微生物。更没有人确切地

知道生命诞生的具体过程是怎样的，对于这一打破地球死寂、开启地球历史新纪元的突破性事件，当今科学只能勾勒出一个粗略的轮廓。

生命知识窗：生命的诞生及演变 ⋙

最初，海洋中汇集了一些有机小分子，经过长期而复杂的化学变化，逐渐形成了更大的分子，直到形成组成生物体的基本物质——蛋白质，以及作为遗传物质的核酸等有机大分子物质。在一定条件下，蛋白质和核酸等物质经过浓缩、凝聚等作用，形成了一个由多分子组成的体系，外面有一层膜，与海水隔开，在原始海洋中又经历了漫长、复杂的变化，最终形成了原始生命。

这些早期的单细胞微生物在海洋中生存、发展，其内部结构逐渐变得复杂，约18.5亿年前，变成了"真核生物"，其后一部分向着原生动物的方向发展，另一部分则形成了海洋藻类。

约12亿年前，有性生殖出现，大大加快了生命演化的速度。

约10亿年前，简单的多细胞生物出现，生命第一次不再只是由单细胞组成，细胞合起来形成了更大的生物体，有了嘴、四肢和感觉器官。

到了大约5.35亿年前，生物发生了飞跃性的演化，出现了寒武纪生命大爆发，几乎每一类现代生物在这几千万年间都出现了。

约 4.65 亿年前，植物离开大海，首先在陆地上永久居留。动物中，昆虫是最早代表动物离开水的。大约在 4 亿年前，鱼进化出了四肢，随后出现了两栖动物和爬行动物。

约 2.2 亿年前，恐龙出现并发展壮大，同时出现了第一种哺乳动物。

约 1.6 亿年前，有羽毛的恐龙进化成了鸟类。

约 1.3 亿年前，地球上第一次有了花朵，在此之前，虽然陆生植物已经生存了 3 亿多年，却没能开出一朵花。

约 6500 万年前，恐龙灭亡，几乎与此同时，哺乳动物进化出了利用胎盘在子宫内养育后代的能力。

约 6000 万年至 500 万年前，一些早期的有胎盘哺乳动物进化成第一种灵长类动物，住到了树上。

约 1300 万年至 700 万年前，生命终于走上了通向人类的道路，第一种类人猿出现在非洲。

约 20 万年前，现代人类的祖先——智人出现，至此，人类终于正式登场。

如果把地球约 46 亿年的历史压缩成普通的一天，则在这一天的前六分之一时间，地球上还是一片死寂。大约凌晨 4 点，第一批最简单的单细胞生物出现在微有暖意的水中。在此后的 16 个小时里，生命没有什么进展；直到大约晚上 8 点，这一天已经过去了将近六分之五的时间，软体动物才开始在海洋与湖沼中蠕动，然后终于出现了第一批海洋植物；快到晚上 10 点，植物开始出现在大陆上，过了不多久，在这一天还剩 2 个小时的时候，第一批陆生动物出现了。恐龙于晚上 11 点左右出场，午夜前 20 分钟左右谢幕而去。哺乳动物则在最后 20 分钟左右出现并迅速地分化，而灵长类的祖先于大约晚上 11 点 50 分登台，其大脑在最后大约 2 分钟里扩大了 3 倍，人类最终精彩亮相。

二、生命之路何其坎坷

在这大大压缩的一天中，每分钟大约有 3 次，在地球的某个地方会亮起一道闪光，表明地球正在受到陨石的撞击。大陆板块不断移动，以似乎不顾一切的速度撞在一起。火山爆发又熄灭，大地隆起又变平，海洋消失又出现，冰原前进又后退。生命诞生于这样不稳定的环境中，注定了它的演化和发展不会是一帆风顺的，贯穿于地球史上的五次大规模生物灭绝就是明证。

生命知识窗：五次大规模生物灭绝

第一次生物大灭绝发生在距今约 4.44 亿年前的奥陶纪末期，由于冰川期与间冰期的交替出现，海进与海退的重复出现，导致了大约 85% 的生物灭绝。

第二次生物大灭绝发生在距今约 3.59 亿年前的泥盆纪

晚期，由于全球变冷以及紧跟着的全球变暖，海洋生物遭到重创。

第三次生物大灭绝发生在距今约 2.52 亿年前的二叠纪末期，由于西伯利亚火山爆发和全球变暖，约 90% 的海洋生物和 70% 的陆地生物灭绝，这是地球史上最大最严重的一次生物灭绝事件。

第四次生物大灭绝发生在距今约 2 亿年前的三叠纪末期，由于中大西洋岩浆区火山活动造成的极端气候，导致了大约 80% 的物种灭绝，爬行动物遭遇重创。

第五次生物大灭绝发生在距今约 6600 万年前的白垩纪末期，由于优卡坦半岛的小行星撞击地球造成的全球大灾难和急速变冷，导致大量的物种灭绝，其中包括统治地球长达 1.6 亿年的恐龙。

每一次的灭绝都是毁灭性的，只有极少数生命幸存下来，在严酷的环境中艰难复苏，并继续迎接接下来无法预料的新的严峻挑战。为了在不断变化的自然环境中生存下来，生命展现出了巨大的适应性。

罗伯特·柯里尔将这种能力称为"生命意念"，他写道："为满足某种需要，生命以恐龙的形态出现，为满足另一种需要，它又变为蝴蝶的形态。在其以人的形态出现以前，它早已经历了无数的各种生命形态。为避开水中的危险，它来到陆上。为避开陆上的攻击，它又翱翔于空中。为在海中呼吸，它长出了鳃。隔于陆地时它又完善了肺。为应对某种危险，它长出了壳；为了应对另一种危险，它则长出了刺。为抵御冰雪严寒，它长出了毛皮；在温暖的气候中，它长出了毛发；而为了适应冷热交替，它又造出了羽毛。从一开始，生命便展现出了其适应不同环境、满足不同生命需求的巨大力量。如果这种'生命意念'有可能被泯灭，在大火和洪水、干旱和饥荒快速交替的久远岁月里，它定然已经消逝了。但障碍、不幸、灾难，对其而言，都只是展示其自身力量的新机会。事实上，它需要障碍来将其唤醒，让其展现自身的力量和资源。"

正如柯里尔所言，生命这种天然的韧性与力量真是令人惊叹。

三、生命之路何其幸运

在桀骜不驯的大自然面前，生命极其脆弱，光靠强大的适应能力是远远不够的，还要有足够多的运气才行。

从天文学视角看，出现生命本身是绝小概率事件。生命的诞生具有极其严苛的条件，在地球现有的各个参数里，地球与太阳的轨道距离非常合适，处于宜居带中，足以保持地表存在液态水。如果太近，辐射过于强烈，会蒸发掉地球表面的水；恶劣的太阳风和粒子辐射环境，也会对生命造成伤害。如果太远，太阳光过于微弱，过于寒冷的环境无法为生命提供足够的能源，也无法拥有液态海洋。

从地球科学视角看，虽然周期性的大灭绝和气候变化曾让地球生命面临灭绝，但事实上，地球在过去的 30 亿年至 40 亿年里一直保持着可居住的状态，从而使单细胞生命有机会最终进化为人类。科学家通过对 10 万个随机行星建模分析，模拟了每个行星在过去 30 多亿年时间里的进化路径，以及温度是如何受到气候变化的影响，每个行星都被模拟了 100 次，最终只有 1 颗行星能够在 30 多亿年里、在各种条件下都能保持适宜居住的环境。这十万里挑一的概率，让地球碰上了，生命从此有了安身立命之所。

从生物学视角看，进化出人类也是绝小概率事件。根据现在最新的研究，简单生命体的出现几乎可以说是必然的，可是复杂生命体的出现就是另外一回事了。简单细胞首次出现之后，在漫长的 20 多亿年的时间里都毫无动静，忽然非常偶然地就演化成了复杂细胞——也叫"真核细胞"，它有细胞核和线粒体等重要细胞器。

据推测，这次偶然事件是这样发生的：一个简单细胞，被另一个简单细胞给吞噬了，而被吞噬的细胞仍然保持着活性，两者之间于是形成了一种被称为"内共生"的关系。在长期的内共生中，被吞噬的一方逐渐演化成了线粒体，之后又经过漫长的演化，共生体最终形成了复杂细胞。之所以被认为极其偶然，是因为科学家认为，在数十亿年的时间里，这种"内共生"现象可能只发生了一次。

但人类起源的奇迹，还不止这一步。当我们越是了解宇宙的演变、地球的历史、生物的进化、人类的发展，就越是会感慨生命的进化每一步都环环相扣。《万物简史》的作者比尔·布莱森调侃说，在生命进化的过程中，"只要发生哪怕最细微的一点偏差，你现在也许就会在舔食长在洞壁上的藻类，或者像海象那样懒洋洋地躺在哪个卵石海滩上，或者用你头顶的鼻孔吐出空气，然后钻到 18 米的深处去吃一口美味的沙虫"。

古生物学家斯蒂芬·杰·古尔德在其著作《奇妙的生命》中讲到，即便将生命的纪录带倒回去重演千次，人类也不会再次出现。

回望我们的来路，每一步都惊心动魄，让人禁不住惊叹进化的神奇与伟大、生命之路的艰辛与幸运。

与万物共存的人类：最自主也最依赖

穿越几十亿年进化历史的烟云，人类终于脱颖而出，建立了文明，实现了对所有其他物种的颠覆性超越。在这份卓越背后，是高级智慧的功劳，它支撑着人类对世界的认识和改造越来越深入，随之而来的，是人类生存所受的限制越来越少，自由程度也越来越高。

然而，从来就没有不受限制的自由，人类亦不例外。自主独立的人类却深深依赖于自然世界的一切——植物、动物、微生物和它们赖以生存的生态系统，它们共同构成了生物多样性，这既是地球生命经过几十亿年发展进化的结果，也让人类在这个星球上得以生存变成可能。

没有生物多样性，我们面对的就只能是一个灰暗的、无生气的、光秃秃的、无聊的世界。没有生物多样性，我们就无法感受到树林带来的绿意、海洋带来的蓝色，甚至不会有我们呼吸的空气、吃的食物、喝的水。

生命知识窗：生物多样性正在丧失 〉〉〉

生物学家在对不同的生态系统进行观察之后，得出一个结论：愈多生物生活在一起，所建构的生态系统就愈稳定。

然而目前，生物多样性正以前所未有的高速度在丧失，这种速度比物种按照自然的速度灭绝要快上 1000 倍。据科学家估计，最近 10 万年，尤其是最近 1 万年，由于人类的扩张，造成大量物种的消亡：世界上每年都有几千种动植物灭绝，在过去的 400 年里，世界上有 58 种哺乳动物灭绝，整个 20 世纪，世界上有 23 种哺乳动物灭绝，科学家推测实际灭绝物种的数量远大于已知灭绝的数量，有些物种在被人类发现之前就已经灭绝了。

一个物种的消失是永恒的、不可复生的，虽然人类科技的发展使得我们可以通过基因工程对某些物种在原有基础上进行一定的改造，但已经灭绝的生物再也无法重新创造出来，这不仅是物种自身的巨大损失，更是人类的巨大损失。

科学家警告说，如果有一天，自然界只剩下人类，那就是人类的末日。

让我们敬仰宇宙万物吧，是它们集几十亿年的功力造就了我们人类——这智慧、坚韧、勇敢挑战未来的生物。

让我们感激曾经在地球上生存过的一切生命吧，是它们的繁盛以及灭绝把生命的 DNA 传递给我们。

让我们珍爱这颗蔚蓝色星球上的一切生命吧，是它们以独特的方式丰富着这个世界，以独特的价值支撑着我们的生活。

回溯地球约 46 亿年的生命历程，我们意识到，每一个人，都远比我们自身更强大、更古老、更坚韧，我们每个人，都是一本生动而鲜活的生命编年史，穿越古老时间的鼓点、带着人类智慧的荣光，我们站在了今天的位置。

这不是我们一个人的事情，这是生命本身的荣耀，我们将带着这份荣耀，好好去经历，好好去生活。

第二课 | 从无到有：世间走来小小的你

我们可能不知道怎么离开，

但应该知道从何而来。

——纪录片《生门》

你的孕育与诞生：生来就是冠军，出生就是奇迹

　　某一天，你出生了，成了芸芸众生中的一员，这是你已然知道的事情。但故事远非如此平淡，事实上，你是以冠军的身份出生的，这是不是超出了你的预料？关于你的故事，要从你被孕育之初——精子与卵子的结合说起，在从孕育到出生这一段漫长的旅行中，其实你经历过太多潜藏的危险。

　　在那颗被选中的精子遇到卵子并顺利结合形成你之前，它已经走了很远的路——虽然它只是约两亿五千万颗精子中的一颗，却是游得最快、运气最好、唯一胜出的一颗。

生命知识窗：精子的激烈竞争

男性平均每次射精会排出约两亿五千万颗精子，但其中只有1%，也就是大约250万颗能顺利进入子宫颈。

接下来需要穿越子宫腔。子宫腔像一座迷宫，精子们很容易迷路，何况子宫腔内有大量的吞噬细胞，对于女性的身体来说，精子属于外来异物，女性身体的免疫系统要随时消灭入侵者。等到达子宫底输卵管口的时候，250万颗左右的精子仅仅剩下了其中最幸运也最强壮的1%，差不多2.5万颗精子。

没有喘息的机会，接下来要争分夺秒地逆流穿越输卵管，这是最为凶险的一关。女性有两条输卵管，精子们要兵分两路，去碰属于自己的运气，因为唯一的卵子只会在其中一条输卵管内安静等待。等到达输卵管接近卵子位置的时候，运气好的那一路精子又有超过99%被淘汰掉，只剩下百十颗。

最后来到了冲刺阶段。长途跋涉、疲惫不堪、所剩无几的精子们争先恐后地冲击着包裹在卵子外的细胞，最终，最先进入的那一颗被宣布为赢家，卵子快速关闭进入通道，再不给其他竞争者任何机会，新的生命就此开始孕育。

从两亿五千万中选一，这是一个过于激烈的选择和淘汰过程，在这场竞争中胜出仿佛是一个可以完全忽略不计的小概率事件，似乎你的出现完全是一个偶然。

然而最新的研究发现，那些在遴选中侥幸存活的少数精子，其实完全处于母体环境的掌控之中。

也就是说，严峻考验虽不可避免，但最强者终将胜出。因此，你的生命从形成之初，就携带着冠军的强大力量与命中注定的运气。

此后你先是作为一枚受精卵，然后是胚胎，接着是胎儿，在妈妈的子宫内开始了长达 10 个月的成长。

在最初的几天里，能不能顺利地在子宫内着床是你最大的挑战，毕竟你只有 30% 的成功概率。闯过这一关，你获得了继续生长的资格。接下来，你的身体器官开始发育，大脑、心脏、眼睛、四肢……各自开始按照恰当的节奏生长。

这一路上有数不清的神奇时刻发生，当然也充满危险，有时候，即使最微不足道的错误，都会带来意想不到的灾难。

拿你的相貌说，你可能会理所当然地认为，你本来就是长这样，或者希望能更好看一些，而没有意识到其实你已经是发育完美的体现。

通过对生长中的胚胎进行扫描，研究人员发现，眼睛、鼻子、嘴巴先是各自独立地发育，但是位置奇特：鼻子和嘴巴在头顶、双眼在远离面部的两侧，到了一定的时候，三大部分就会在上唇中心处汇合，像拼图一样精确无误地组合起来。这一准确拼接的关键时间只有数小时，一旦出现差错，汇合无法完成，你就不是现在的样子。

经过 10 个月的发育，你从一个单细胞变成了数万亿个细胞。

当初分别由爸爸和妈妈提供的两组基因序列经过重新组合，形成了一套专属于你的独一无二的基因密码，成千上万个基因经过不可思议的协调，在正确的时间和正确的地点激活，形成了一个发育完好的胎儿。

现在，虽然你已经做好了充分的准备，但穿越产道之路却曲折难行，这场由你和妈妈一起打的出生战，真的是惊心动魄。

人类为了直立行走付出了巨大的代价，其中之一，就是女性的骨盆变小，导致产道变窄且结构曲折。另外，为了拥有足够的脑容量，你的头还长得很大。

为了顺利出生，你必须在产道内做出一系列的身体调整：先收缩下巴、收紧肩膀，身体最大限度蜷缩；在通过骨盆时为了不被卡住，你需要做第一次旋转，脸朝向妈妈的背部；当头部从骨盆出来时，为避免撞到妈妈的耻骨，你需要仰起头抬起下巴；此后为了让肩膀顺利出来，你还会再次旋转，恢复到之前的姿势。

这样，在无人领路的情况下，你和妈妈里应外合，终于顺利诞生。随着你的第一声啼哭，在整个孕育期间一直处于休眠状态的肺部被激活，上亿个肺泡在几秒钟内第一次被空气充满，你终于脱离胎盘的供给，迈出了"独立生活"的第一步。

从在子宫里孕育，到被抱在妈妈怀里，你走过的每一步，无一不是生命的奇迹。若说你的孕育是一场不容有任何差错的接力赛，那么你的诞生，就是这世间最宝贵的礼物。

你是这样长大的：唯其不易，更需珍惜

在非洲大草原上，一只牛羚宝宝刚刚出生，几秒之后，它挣扎着站了起来，虽然很快就摔倒了，却马上又开始了新的尝试。

如果你正在不远处通过固定好的摄像机镜头观看这一幕，忽然你感到口渴了，要去几米外的帐篷里喝水，可是等你返回，也就两分钟的工夫，却再也看不到它了。不是镜头被人移动了，而是小牛羚已经奔跑着加入迁徙的队伍中，开始了长途跋涉。

其他动物也相差无几，梅花鹿在眼睛还没有完全睁开时，就已经试着吃草了。大猩猩的宝宝，一出生就会自己"挂"在妈妈身上，除了吃奶、睡觉、玩耍都能自理，两个月就能吃母乳以外的其他东西，还能四处为自己寻找食物。

人类的宝宝却无法做到这么快就能生活自理：出生两个月后，你才会勉强抬头，三个月才会翻身，六个月才会自己坐，八个月才会爬，一岁以后才会蹒跚走路……

生命知识窗：大脑袋带来的生育困境 ▸◂◂

科学家推测，人类都是早产儿，这可能是进化采用的折中方案。

从进化上来说，长高长壮并不是在生存竞争中胜出的关键，智能才是。人类正是发展出了高度的智能，才走到了进化的顶端。

高智能需要大脑袋，但脑袋过大就很难通过产道，折中的结果就是，在子宫和产道可以容忍的范围内尽可能地发育成形，尚未成熟的部分则留待出生后继续发育。

要达到这一目标，只能提前生产。理论上讲，人类正常妊娠期应该是 21 个月左右——差不多相当于黑猩猩幼崽出生时的成熟度，因此，大约有一半的妊娠岁月被移到了体外进行。

其中，大脑是我们全身最复杂、最重要的部位，同时也是最耗能的部位，以出生第一年为例，摄入的热量有大约 60% 都供给了大脑。

这种优先供给策略可能是导致婴儿身体其他器官发育被推迟，在较长时间内不具备独立生活能力的重要原因。

刚出生的你除了有呼吸、心跳和吮吸能力，剩下的主要技能，恐怕就是挥舞着手脚大哭了。若无精心照料，婴儿活下来是一件概率很小的事情，这赋予了父母很大的责任。哺乳、保暖、清洁……你的一切完全依赖于父母。

父母当然责无旁贷，因为你是如此珍贵、如此可爱，又如此娇弱无力。然而，即使对于做了充分准备的父母来说，在宝宝出生的头几年亲自抚育，都是一件极具挑战性的事。

就拿睡一个完整的觉来说，现在的你肯定觉得这是微不足道的事情，但对生命头几个月的你而言却很难掌握这项技能。

那时的你吃和睡都没有任何规律可言，你总是很快就饿了，每隔一两个小时就需要吃一次奶，然后需要被抱起来拍嗝，避免因为溢奶或吐奶而造成窒息或吸入性肺炎。

常常是，你满头大汗地吮吸，却吃不了几口就又累又困地睡着了。刚刚给你拍完嗝放下，但睡不了一会儿你就小便或者大便了。刚手忙脚乱地帮你处理完，但是十分钟不到你又尿了——才吃完饭，你哪能只上一次厕所呢！再次帮你清洗完，你差不多又饿了。

白天是这样，夜晚也是如此——你还太小，完全顾不上是白天还是夜晚。爸爸妈妈刚刚睡着，你就以哭声当闹铃把他们召唤起来，喂奶、拍嗝、换尿片……如果你醒来的节奏是两小时一次，那基本上等他们忙完这一波，下一个循环就已经等在不远处了。

小小的你需要很多睡眠，爸爸妈妈也迫切需要睡个好觉，但他们必须强打精神，因为不分昼夜随时响应你的需要、无微不至地照顾你是非常重要的事情，来不得半点马虎，容不下一丝懈怠。

小小的你免疫系统还不健全，比大孩子和成人更容易生病，这通常是全家人最慌乱无措的时候。因为你还太小，无法用语言来描述不适的位置和程度，唯一的表达方式就是不停地哭，再加上你体温调节能力不稳定，一旦发烧就容易高烧，看着你小脸烧得通红地号啕大哭，父母常常心急如焚，深夜也要带你去急诊室排队就医。

在这样全心全意的呵护中，你一天天长大，像海绵一样不知疲倦地吸收新鲜的知识。现在的你知道学习是怎么回事，你专注地坐下来，认真思考，其实早在你不知道学习是什么的时候，就已经开始最复杂的学习了。

你探索身边的环境，从伸手去够到迈步去取；你聆听别人的交谈，从咿呀学语到流利说话；你观察周围的活动，从懵懂无知地旁观到兴趣盎然地参与。

你面对的是一个如此全新的世界，可是你很快就掌握了它运行的奥秘。

你知道早上出门上班的爸爸在晚上下班回家时依然是爸爸；你知道陌生人可能潜藏着危险，在他们伸手想要抱你的时候一边转身躲开一边用哭声报警；你知道镜中的这个咧着嘴巴开心笑着的小娃娃就是你自己；再后来，你知道幼儿园不是个可怕的地方，离开了家的生活依然可以丰富多彩……

你越是了解最初的成长，就越会发现，每一个小生命的长大都浸透了父母的爱和心血，他们用无言的爱和事无巨细的付出告诉你，你的生命如此珍贵，值得他们用心呵护。

你越是了解那时候的自己，也就越会相信，那些早就淡出了记忆的、看似普普通通的成长是多么了不起。

我的生命与谁有关：爱是一种深深的联结

2018 年夏天，西北太平洋一只虎鲸的经历，触动了全世界的心。

7月24日，在维多利亚附近海域，一只刚出生半小时的小虎鲸不幸夭折，悲痛的虎鲸妈妈不忍丢下宝宝的尸体，一直将它带在身边，时而背在背上，时而放在水里用嘴巴推着前行，一天、两天……

一直到第十七天，它带着孩子同游了1600多公里，其间很少进食，直到虎鲸宝宝的尸体高度腐烂，而伤心过度的虎鲸妈妈也达到了刚生产不久的身体所能承受的极限，才不得不放手。其间陪伴这对母子的还有其他家人，可见虎鲸宝宝的夭折，对整个家族都是很大的打击。

这是世人第一次用高科技手段追踪到一位动物母亲和一个动物家族悲伤和哀悼的全过程，这份失去挚爱的伤痛，显然超出了人们的想象。

茫茫天地间，万类各有亲。动物尚且如此，人类岂会情薄？

在纪录片《生门》中有一位差点在手术台上丢掉性命的母亲，因为剖宫产之后大出血，她的心脏骤停过两次，前后输血13000多毫升，相当于全身的血液被换掉了几次。在昏迷之际，医生唯一能用来唤起她求生意志的法宝是这句话："你想不想见毛毛（武汉方言对宝宝的称谓）？想见就坚持下去。"于是她坚持了下来。

网上有位妈妈分享自己的分娩体验："听说在医学上，分娩疼痛是人类疼痛的最高值，我有心理准备，整整疼了两天，我都没有喊出声过，但最后还是顺转剖了。剖宫产后，护士进来按肚子，疼得我哇地就哭了，护士说：'别哭别喊，小心吓着孩子！'那一刻我知道了什么是爱的力量，再也没出过声!"

有没有发现，在这里出现了一个完美的逻辑链条：父母对你爱意的产生是源于他们体内催产素的分泌和杏仁核的激活，而这种分泌和激活是在对你的悉心照料中激发的，而之所以选择要照料你，只是因为你来了、你有被照料的需要。

简单来说就是，你来了，你需要，于是他们选择爱你。

这种选择在你和父母之间建立了无法中断的联结，将你的生命紧紧地和父母联系在了一起。

从此，将有人终生为你牵挂，为你提供安全的港湾。愿你带着他们的爱勇敢出发，在风雨来临之际，也要记得为了他们而选择坚强。

生命知识窗：爱是如何产生的 ▶◁

为什么父母对自己出生前从未谋面的孩子，可以爱得如此深沉？这种爱从何而来？

科学家发现，这很可能和催产素有关。母亲体内的催产素从怀孕开始，就一直处在较高水平，孩子出生后，母亲的催产素水平越高，她和婴儿的亲密关系就越强，对孩子的爱意也就越浓。

而且，催产素并不只存在于母亲体内，父亲体内也有，父亲陪伴孩子的时间越长，体内的催产素水平也会越高，甚至和妈妈一样高。

另外，随着催产素水平的提高，父母大脑中的杏仁核被激活的区域变大，这种激活让父母对孩子的需要保持敏感，同时对孩子可能发生的危险保持警觉，这种敏感性和警觉性一旦启动，就会终其一生发挥作用，无论孩子长到多大。

第三课 | 青春年少：生命最美好的季节

　　青春的美丽与珍贵，就在于它的无邪与无瑕，在于它的可遇而不可求，在于它的永不重回。

——席慕蓉《那一轮月》

青春期的发育：半是成熟半未央

现在的你来到了生命中一个特别的时期，它充满变化，同时也充满挑战；它可能带给你最美好、最念念不忘的回忆，也可能带给你最糟糕、最不愿直面的麻烦；它是你身体里的一场风暴，也是你心理上的一场跋涉，它的名字叫青春期。

这是你一生中三个主要成长阶段——儿童期、青春期、成人期的中间阶段，从这里开始，你挥别童年，走向成熟。

一、生长爆发和性成熟

青春期的到来没有明确的起点，也没有明确的终点，不同人进入青春期的年龄不尽相同。对大多数人而言，它最可能出现的年龄在 10 ~ 19 岁，持续约 5 ~ 7 年，如果你是女孩，则你开始和结束的时间都会比男孩要早两年。而无论男孩还是女孩，在这个时期，你都会收到生命赠予你的两份宝贵礼物——生长爆发和性成熟，它们是由激素分泌造成的。

生长爆发是指在这一时期，你身体各部分的发育速度都显著加快，其中最明显的就是身高的迅速增长，这是你的第二个也是最后一个生长高峰期。你可能在一两年内长高 20 多厘米，同时体重也会快速跟上，这些变化让你在外形上越来越像个成年人。

性成熟是青春期的另一项重要发育任务，它表现为一个过程。女孩的性成熟主要包括乳房发育、体毛出现、生殖器官发育、月经初潮、变声等一系列性征变化，男孩的性成熟主要包括体毛出现、生殖器官发育、遗精、喉结形成和变声等性征变化。其中女孩以月经初潮，男孩以首次遗精为性成熟的标志事件，这意味着你从此有了生育能力。

二、大脑发育未完成

随着女孩胸部渐渐隆起，男孩长出小胡须，已然是成人样貌的你，可否称得上是个成年人了呢？事实上，你离一个心智成熟的成年人还有不短的距离，这与你的大脑发育尚未成熟有关。

如你所知，在刚刚降临人世时，你的大脑是所有身体器官中发育最不充分的结构。随着你的成长，它会按照从低级皮层往高级皮层的生长节奏慢慢推进，越是高级的脑区越晚成熟。这个过程需要花费很多年，当来到你现在的年龄时，它差不多已经完成了 80% 的工作。若从十多年勤勉工作的成果来看，它当然算得上成效卓著，但从应该达到的目标来看，却远非大功告成，因为剩下的 20%——前额皮层的成熟其实更为关键。

前额皮层是你大脑的控制中心，就像有条不紊的管家、沉着冷静的领航员、从容不迫的乐队总指挥，它充满理性，能帮助你判断事情的好坏、做出恰当的计划、抑制不恰当的冲动、控制和约束你的行为。只不过，这部分位于大脑最前端的区域，其发育相对滞后，差不多要在你 25 岁左右才达到完全成熟。这可以解释你青春期不够理智的一面，却同时赋予你一生中最强的可塑性、最充沛的精力和最火热的激情。

总的来说，青春期是你由儿童向成人过渡的时期，是你身体发育基本完成、大脑发育尚未结束的时期。你对它了解越多，就越能坦然地接受它的到来、感受它的美好、投入它的创造。

青春期的烦恼：半是黯然半是飞扬

当青春期的帷幕徐徐拉开，迎接你的可能不全是飞扬的日子，还会有不少黯然的时刻。

一、体貌烦恼

有时候你仿佛很难控制好自己的身体，这是因为成长速度太快，你的大脑还没有想出更好的办法控制新体型，从而导致协调性变差，男孩尤其如此。

有时候你的身体比例会显得奇怪，因为四肢发育早于躯干，使你在一段时期内看起来好像"只有手和脚"。也因为面部器官的发育速度有差异，导致有段时间你的鼻子或耳朵会显得特别突出。别担心，过不了多久，发育缓慢的部分会追赶上来，身体最终会达到恰当的比例。

你可能会担心自己长得不够好看，个子不够高、腿不够长、脖子太短、身材太胖、嘴巴太大、鼻子太扁、眼睛太小、痘痘太多、皮肤不白、汗毛太长……部分也许基于事实，多数却是出于挑剔。

研究表明，有超过六成的青少年对自己的体貌认识不准确，女生尤其容易过高估计自己的体重，只有不到六分之一的青少年对自己的体貌表示满意。

因为过分关注形象，你可能会花很多时间照镜子、花过多心思挑衣服、想尽办法掩饰外在"缺点"，甚至尝试有损健康的方法。关注度提高本属正常，关注过度却会加剧你对自己的不满，甚至导致难以弥补的后果。

生命知识窗：假想观众 ▷▷▷

心理学家推测，青少年会预设自己有一群"假想观众"，这些"观众"都在看着他，关注着他的头发、衣服以及其他方面的外表特征，评判着他的一言一行、一举一动。

"假想观众"的存在使得青少年必须保持高度警觉，避免因体貌不佳或表现不良让自己置于尴尬、被嘲笑的境地。对体貌的过度关注，就是为了获得这些"观众"的认同。随着心智成熟度的提高，"假想观众"的数量和影响力都会大大减少。

二、异性烦恼

说不清从哪天起，你会发现周围同学忽然对异性交往的话题格外关注。班上的"绯闻"开始多起来，男女生之间任何一点风吹草动，都会立即成为大家公然起哄或私下议论的素材，在这种神秘与兴奋交织的氛围里，平常的异性交往或轻微的心怀爱慕都显得有一丝尴尬和难堪。

有人暗暗揣测自己的异性缘，有人在异性面前拘谨羞涩但芳心暗藏，有人相互表达对对方的欣赏，有人为自己喜欢的人喜欢上了别人而黯然神伤……这就是青春期的情愫，也是青春期的烦忧。

在这些表现的背后，是性生理成熟带来的性意识觉醒与从容处理生理渴望所需的心理能力滞后之间的矛盾。前者让青少年对异性产生一种难以消除的兴趣，希望得到异性的关注、渴望接近异性，后者却让他们手足无措、瞻前顾后、倍感焦躁与煎熬。

三、情绪烦恼

青春期的你常常经历情绪的波动，出现一些莫名的感情冲动和短暂的失控状态。孤独、忧伤、激动、喜悦、愤怒等多种情绪微妙地交织在一起，组成一个强烈、动荡而不协调的情绪世界，常常冲动性强、爆发性高、极端性明显。你会因为一件小事就激动起来，一时开心到癫狂，一时又愤怒得像全世界都是敌人，像一匹脱缰的野马，又像一枚行走的地雷。

为什么会这样呢？这与你的边缘系统有很大关系。

生命知识窗：边缘系统 ▷◁▷◁

边缘系统是一个由后往前接近大脑皮层的结构，也是和情绪关系最密切的大脑结构，被称作人类的情绪中枢。差不多在 15 岁左右，它在激素的作用下快速成熟。作为大脑中感知外界刺激与产生情绪的交叉口，它像一个时时打开的雷达，一刻不停地处于警觉状态，随时捕捉可能的危险信号，这让它过度敏感，从而带来了青春期孩子情绪上的暴风骤雨和行为上的鲁莽冲动。

只有在前额皮层的帮助下，青春期孩子才能约束住这股狂野的力量，最终实现情绪稳定和行为理性。而前额皮层要到多年以后才能完全成熟，所以青春期正处于这样一个过渡性的不平衡期。

如果把青春期比作一辆汽车，边缘系统的成熟让它有了轰鸣的马达，前额皮层的成熟不够却让它的刹车系统滞后，跳上这辆汽车的青少年，虽然迫不及待想到更大的世界去开疆拓土，却很难控制好车速。

顺利度过青春期：心有阳光伴成长

一、自我接纳

一个人一生中最重要的功课之一，就是接纳自己，青春期的你尤其如此。

1. 接纳自己的体貌

一个人的体貌如何，很大一部分是由基因决定的，我们无法改变自己的长相，却可以在一定程度上通过体育运动和饮食调节，促进身高、改变体型、改善肤质、优化体态。

对于不能改变的部分，则要欣然接纳，因为每个人的生命，无论体型如何、肤色好坏，都是独特而有价值的，是地球生命历经几十亿年漫长进化的奇迹，是个体生命在妈妈肚子里历经10个月辛苦孕育的结晶，是父母生命的延续，也是全家人爱的寄托，这份价值绝不会因为皮肤不够白或是个头不够高而逊色分毫。

托尔斯泰说过，人不是因为美丽而可爱，而是因为可爱才美丽。只有当我们超越了单纯意义上的外表之美，才能拥抱完整意义上的生命之美。

2. 接纳性的萌动

性是一种自然现象，大自然因为出现了性，才让物种的进化大大加速；人类因为性的存在，生命才得以繁衍不绝。青春期性的觉醒与对异性的关注正是生命成长的一部分，是正常的心理现象。

带着这样一份坦然，你就能更客观地认识自己的性发育和性萌动，丢掉莫须有的羞耻之心；你就能更自然地和异性相处，不会因为在异性同学面前表现不好而手足无措；你就能把异性的美好当作一个整体去欣赏，而不会因为一棵树丢掉一片森林。

3. 接纳情绪冲动与大脑控制不够之间的失衡

认识自己在这个阶段大脑发育的不平衡性，承认这种成长过程中暂时性缺陷的存在——虽然不是出于你的意愿，更不是你的错，但由此而导致的冲动与失控却是客观存在的。

接纳它并不意味着放纵自己，也不是随它摆布，而是承认因此而来的不足，提醒自己不要意气用事，而要三思后行。

二、自我保护

青春之花美丽又娇弱，你要学会保护它。

1. 青春期的身体保护清单

（1）青春之美的首要标准是健康、充满活力，瘦不应该成为美丽的门槛，更不可采用节食、催吐、服用减肥药等缺乏科学依据的瘦身手段来追求瘦身效果，以免造成厌食症和营养不良。

（2）注意卫生，勤洗澡，保持面部皮肤的清洁卫生。如果出现青春痘（你约有 60% 的概率会长青春痘），不要抓挠、挤捏患处，预防感染；不涂油脂性化妆品，以免阻塞毛孔，加重症状。

（3）合理膳食，保证食品的营养与卫生，不暴饮暴食和摄入垃圾食品。

（4）保护生殖器官，穿合身的内衣，注重日常清洁卫生，女生加强生理期的卫生护理。

（5）不熬夜、多运动，保持充足、高质量的睡眠。

2. 青春期的性保护清单

（1）群体交往、公开交往。群体交往就是和异性交往的范围要广一些，以了解具有各种优良品行的异性同学，避免过度深入的一对一异性交往。公开交往就是尽可能在集体活动中、在公开场合中交往，避免过多私下单独的相处。

（2）理性交往、避免冲动。对于已经引起心绪波动的异性同学，要理智地把握喜欢和爱的分寸。喜欢是一些好感和一些欣赏、一点好奇和许多想象，爱却是深深的了解和充分的宽容、全心的付出和沉沉的责任。真正的爱是神圣的，需要充分的条件和成熟的力量，这超出了青春期的承受能力。春天不做夏天的事，克制自己，是对双方最好的保护。

（3）保持距离。避免和异性在安静、封闭的环境中单独会面，不随意触碰对方的身体，也不要容许对方触碰自己的身体。遇到试探性行为应立即做出反应，拉开距离或起身走开；面对越轨行为应立即出声制止，而不是沉默抗议，以免被视作默许。

（4）保护隐私。保存好自己的私人用品和个人信息，不给任何异性发送有关自己私密部位的照片或视频，不和任何人在网络空间进行身体暴露性的互动。

3. 青春期的情绪保护清单

（1）回避正面冲突。如前文所述，青春期这辆汽车动力强劲而刹车不足，情绪很容易瞬间爆发到顶峰，因为克制不够而引发极端反应。在矛盾尚未激化时，你可以通过转换话题、转移注意力、离开当前情境等方式暂时回避；在矛盾一触即发时，通过深呼吸、保持沉默等方式让自己（和对方）保持冷静。

（2）避免情绪累积。没有人会真的无缘无故大发脾气，不起眼的小事引发狂风暴雨，背后的真实原因可能是已经忍了太久。情绪被压抑得越厉害，爆发的时候就会越强烈。日常生活中要找到适合自己的宣泄途径，跑一跑、写一写、画一画、喊一喊，帮助情绪及时找到出口。

（3）积极寻求帮助。如果你的情绪常常是因某人某事而起，一见到这个人就无法冷静，一说起这件事就容易激动，则要么你和此人的相处模式出了一些问题，要么此事给你造成了一定的心理负担，这种情况下回避冲突和自我宣泄可能都无法缓解情绪，你需要寻求帮助。找一位值得信赖且有能力帮助你的人谈一谈，也许能让你找到解决问题的办法。

第四课 | 只此一生：疾病、死亡与生命

病是生与死之间的一种微调，它让我懂得了生死的意义，像不停地上着哲学课。

——贾平凹《五十大话》

认识疾病：健康是一种选择

一、生病是一种什么体验

如果说健康是生命中的阳光，那么疾病就是生命里的阴影，它意味着生命机能的衰退和生命活力的降低。你有没有过生病的经历，生病的时候你有过怎样的体验呢？

一位等待检查结果的网友说："前几天突然开始了莫名的头晕、低烧、关节痛，浑身没有力气，排除了感冒，排除了风湿，现在还在继续排查中，心中莫名地害怕，我这么年轻，世界都没有来得及去看，人生的滋味还没有来得及品尝，真担心会得什么大病。"

一位排除了恶性肿瘤的网友说："22岁体检时发现身体里长了个拳头大的东西，等待检查结果那天整个人是恍惚的，时而哭

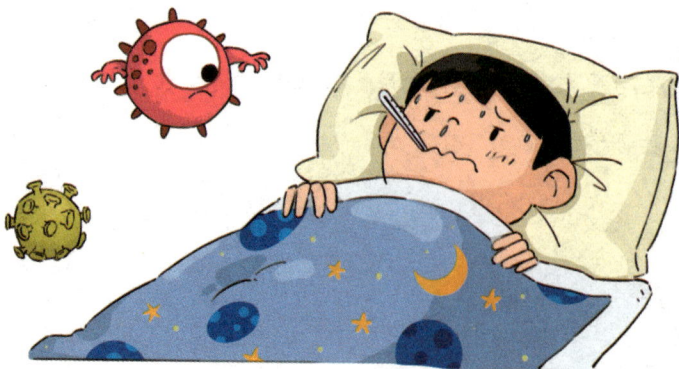

时而发呆，心里想着最坏的结果，天知道得知良性后我有多开心，走出医院看到蓝天我就哭了，仿佛长这么大第一次看见这么蓝的天！手术之后我整个心态都变得不一样了，我知道了健康的重要，好好吃饭，规律作息，多运动，不生气，不能等到生病的时候才想起珍惜。"

一位肾衰竭患者说："每隔两三天，我就要到医院透析一次，好像我的生命是由某个生命之神掌管着的：它发给我的是一张临时牌照，我每隔两三天便要续期一次。如果某一次不去续期，那就有可能永远失去我的生命牌照。"

这些文字让人感慨：健康是如此普通，却又如此珍贵，尤其是面临失去的时候。习近平总书记指出，健康是幸福生活最重要的指标，健康是 1，其他是后面的 0，没有 1，再多的 0 也没有意义。

疾病和健康是生命的一体两面，美国作家苏珊·桑塔格在《疾病的隐喻》中写道："每个降临世间的人都拥有双重公民身份，其一属于健康王国，其二则属于疾病王国。尽管我们都只乐于使用健康王国的护照，但或迟或早，至少会有那么一段时间，我们每个人都被迫承认我们也是另一王国的公民。"

正是这个我们不乐于承认的公民身份，向我们揭示了健康的难得和生命的脆弱。在疾病的侵袭下，我们心中的生命尺度悄然发生变化，日常生活中从未认真思索过的问题被推到眼前，伴随着疾病的警醒，生命的真谛也会渐渐浮现。

二、传染病和慢性病

世界上的疾病多种多样，世界卫生组织明确命名的疾病就有上万个，新的疾病还在发现中，所有这些疾病可以分为两类：传染性疾病和非传染性疾病。前者由病原体侵入机体引起的，后者由生活方式、环境、自然衰老等因素引发，也可称为慢性病。

常见的慢性病包括冠心病、高血压、糖尿病等，引发这些疾病的主要因素，既不是细菌，也不是病毒，而是不健康的生活方式。

比如高糖、高油、高脂、高盐食物是血管的头号敌人，会增加人体患上心脑血管疾病的危险；长期晚睡不仅加大血管系统的压力，对内脏器官也有着巨大的消耗；烟、酒是心脑血管和肝、肺健康的公认敌人；运动不够导致营养过剩，就容易造成肥胖，而大多数慢性疾病都与肥胖有关。

世界卫生组织曾向全球发布了健康公式：100% 健康 =15% 遗传 +10% 社会因素 +8% 医疗因素 +7% 环境因素 +60% 生活方式。

在所有这些因素中，生活方式对健康的影响最大，也最可控。一句话，拥有健康不仅是我们的权利，也取决于我们的选择。

三、健康在你手中

"预防为主"是人类对待疾病的首要策略，也是个体担负起自己健康责任的自主选择。

很多传染病的流行和慢性疾病的发生，都与不良的个人卫生习惯和不健康的生活方式有关，而良好卫生习惯和健康生活方式都不是自然形成的，而是需要后天培养的，做到以下几点，健康会与你相伴。

● 养成良好的个人卫生习惯。

● 三餐都要吃，特别是早餐。

● 饮食要均衡，营养要全面。若将一个饭盒分成六格，谷物类占三格，蔬菜类占两格，肉类、蛋类及代替品占一格，即满足 3:2:1 的比例。

● 饮食要清淡，减少高糖、高油、高脂、高盐饮食，特别是快餐工业生产出来的食品。

● 用分餐代替共餐。

● 每天保持 8 ~ 10 小时的规律睡眠。

● 每周至少 3 次，每次不少于 30 分钟的运动。

● 不抽烟、不饮酒。

● 保持体重指数在正常范围。

● 保持愉悦心情。

你可能会这样想，上面的生活方式看起来太像养生了，那不是老年人的专利吗？有人甚至觉得青春年少的自己根本用不着如此在意健康，只有上了年纪的人才会生病。然而，这是一个误区。

首先，慢性病正在年轻化。《中国居民营养与慢性病状况报告（2020 年）》数据显示，我国 6~17 岁儿童青少年超重肥胖率达到

19.0%，相当于将近每 5 个中小学生中就有 1 个"小胖墩儿"，从而带来过早的心血管系统、内分泌系统、呼吸系统和消化系统患病风险。

其次，衰老并不等同于疾病。对于健康超高龄老人的解剖学实验揭示，他们的致死原因往往不是典型的老年常见疾病，而是某些蛋白质长期沉积聚集导致的心脏衰竭，这是一种干脆且历时短暂的自然死亡。也就是说，尽管绝大多数慢性疾病的发病率会随年龄增长而升高，但人类仍然有很大可能健康地老去。

目前确定的史上活得最久的人是法国的雅娜·卡尔曼特，她在 122 岁又 164 天时无病因安静离世。她 100 岁的时候还依靠自行车出行，在 110 岁的时候还非常活跃，直到去世前的一个月她仍然保持着非常健康的状态。

这样的长寿虽然只是特例，却非常有力地表明，只要可以避免或延迟慢性疾病的发生，人类即使在高龄状况下也依然可以保持健康的生命功能，充分享受加长版人生带来的丰盈体验。

> ### 生命知识窗：生活方式有多重要　◁◁◁
>
> 人们通常倾向于认为，癌症是通过基因遗传的，然而研究发现，与生活方式相比，基因的作用要小得多。《新英格兰医学杂志》的一项研究表明，被收养孩子的患癌率不是和亲生父母一致，而是和领养父母一致。亲生父母（传递的是基因）

患癌对子女的患癌概率几无影响，但养父母（传递的是生活习惯）如果患癌，则领养子女患癌的概率是常人的 6 倍。

与之相似的是糖尿病。到 2011 年为止，科学家们共发现了超过 36 个基因与 2 型糖尿病有关，然而即使这些基因全部加在一起，也只占诱发糖尿病整体遗传因素的 10%，而不良的生活方式被认为是致病的更重要因素。

大数据表明，如果改变包括饮食在内的生活方式，可能会预防超过 90% 的 2 型糖尿病、80% 的冠心病和 70% 的结肠癌。

认识死亡：不知死，焉知生

一、为何要认识死亡

一片叶子通常会在春天萌生，在夏天繁茂，在秋天凋落，完成一生的兴衰，却也有可能在任何时候提前飘零在风中，这是大

自然中平常的生命现象。人世的生灭故事也蕴含在大自然的荣枯里，同样的脆弱，也同样的有限。当意外降临，或者当生命走到时间的尽头，迎接人们的就是死亡。这是自然秩序的体现，也是每个人最终的生命归宿。

然而死亡虽然寻常，对我们的生活体验来说却显得遥远：第一方面，青少年正处在人生最蓬勃的阶段，不曾体会到生命的衰退；第二方面，处理死亡是专职人员的工作，普通人很少直接见证；第三方面，我们的文化传统对死亡讳莫如深，死亡话题常常被排除在日常交流之外。这就导致我们虽然知道"人都有一死"，却对死亡知之甚少，死亡因此被蒙上了神秘的面纱。

不认识死亡，我们可能会对它怀着过于轻巧的好奇，甚至错误地将它理解为解脱痛苦的方式，在生活的挫折和人生的困境面前，轻易地在活着还是死去之间做出取舍。

不认识死亡，我们可能会对它充满无法承受的焦虑，甚至陷入"既然早晚都要死，活着还有什么意义"的虚无，在本该努力和拼搏的年纪，却任由心灵的天平从积极向颓废偏移。

不认识死亡，我们可能会对它产生过于疏离的冷漠，生命的逝去就变成了新闻中的故事、报纸上的数字，在他人的灾难和生命的悲剧面前，无力共情、只剩麻木。

只有鼓足勇气去认识死亡，我们才能了解它到底是什么，才能理解它为什么无可逃避，从而激发我们活着的勇气、积极的态度、共情的能力；才能感受到生命的可贵，从而学会敬畏，学会珍惜，以更为果敢和真诚的方式去拥抱生活。

二、死亡是什么

如果说疾病是生命里的一道阴影，死亡的到来则彻底宣告了生命的终结。

生命知识窗：死亡的特点 ▷◁

1. 死亡是不可逆的。死亡是肉体生命的结束，这种结束不可逆转，无法回还。

2. 死亡是一种失能。死亡会带走所有的生命技能，消灭人生的一切可能性，人在死后什么都不能做、不能想、无法感受。

3. 死亡是普遍的。死亡是一切生命过程中的重要一环，是世间万物的最终归宿，无论对谁，死亡都无法避免，也无可替代。

4. 死亡是不可预测的。死亡可能发生在生命中的任何时候，人既无法知道自己何时会死去，也无法知道会以什么方式死去。

看上去，死亡似乎是一件"坏"事情，代表着"生存"的反面，然而，死亡的意义并不只有失去。

如果没有死亡，生命将永续繁衍和发展，有限的资源被无止境地消耗，生存空间将很快饱和，人类也会很快濒临灭绝；如果没有死亡，人类的思想随着年龄增长日益僵化，社会越来越丧失活力，文明的发展就可能停滞。死亡正是通过对个体生命时长的限定，实现着世间万物整体生命的存续，通过无数个体的生死循环，构成了人类文明的传承发展，这就是"生生不息"的含义吧！

只有当我们真正认识了死亡的这些特点，才会对它心生敬畏，才会对生命加倍珍惜，把握有限生命中的无限可能，最大程度地实现生命的价值。

三、善待死亡

你可能经历过某位亲友的逝世，或者源于意外，或者源于疾病，或者寿终正寝。即便是寿终正寝，亲友的离世仍然会给我们带来巨大的情感伤痛。

在绘本故事《爷爷变成了幽灵》中，小奥斯本的爷爷去世了，小奥斯本非常伤心。有一天夜里，爷爷变成了幽灵，出现在小奥斯本的房间，小奥斯本在书上看到，人如果在世上还有一些事情没有完成，就会变成幽灵。小奥斯本想爷爷可能忘记了什么，就去帮他寻找。最后才知道，爷爷忘记的是在临死前和小奥斯本道别。道别之后的爷爷从此消失了，临走时他留下这样一段话："我从来不会离开你，我活在你的记忆里，融进你的性格中，我已经成为你的一部分。"

电影《寻梦环游记》也表达了同样的意思：只要我们没有遗忘逝去的亲人，身体层面的死亡就不是他们生命的终点。逝去的亲人离开了，却并没有消失，当我们脑海中还有他们的音容笑貌，还会时常想起他们在世的点点滴滴，记得他们教会我们的事情，他们就永远活在了我们的记忆之中。随着时间消逝，心中的哀伤会慢慢变淡，我们依然怀念他们，却能更好地珍惜当下的生活。

不过，他人的死亡带给我们的并不只有哀伤和悲痛。因为我们的死亡体验常常是经由他人的死亡唤醒的，当生与死的严肃话题经由他人的死亡一下子被推到我们面前，必然会带来"我也可能会死去"的担忧和恐惧，与之相伴的，是对生与死的思索。

而这正是人类生命的独特之处。法国伟大哲学家帕斯卡说过，人只不过是一根苇草，一口气、一滴水就足以致他死命，然而，人却仍比致他死命的东西高贵，因为他知道自己要死亡，而整个宇宙对此却一无所知。意识到死亡的无从逃避，我们更要好好活着、不负此生。

不负此生：活出生命的精彩

一、呵护身体与健康

身体是生命的载体，是我们做任何事情、实现一切价值的前提。有些人年纪轻轻就因为暴饮暴食、烟酒过度、随意熬夜而丢掉健康，有些人年事虽高却仍能身强体健地做有价值的事情。

比如我国著名语言学家、"汉语拼音之父"周有光先生，他活了 112 岁，在 50 岁以前是银行家和著名的经济学家；50 岁到 85

岁间，弃商从文，成了语言文字学家；85岁退休以后，开始潜心思考和研究，成了一位思想启蒙家，在100岁到110岁十年间出版了5本著作。因为健康高寿又在多个领域成就斐然，周先生被称为"一辈子活出了别人的几辈子"。

你可能会说，我也想像周有光先生那样，但是生命的长度又岂由自己决定？没有人可以决定生命的长度，但我们也并不是处于完全的被动之中。

合理膳食、积极锻炼、培养健康生活方式的主动权在我们手中；

定时体检、及时就医、谨遵医嘱、努力康复的主动权在我们手中；

遵守安全规则、提高防护意识、掌握应急生存技能的主动权在我们手中；

在任何困难面前都决不轻易放弃生命，爱惜生命的主动权更在我们手中。

这些主动的努力将帮助我们获得更多的生命存续时间，让我们有机会以健康的状态怒放生命。周有光先生几十年如一日坚持健康的生活方式就是我们最好的榜样。

二、承担爱与责任

作为社会中的个体，每个人的生命都不是独立存在的，而是和他人联系在一起的，当我们为他人带来价值，让他人的生活因为我们的存在而更加美好，我们的生命就有了宽度。

比如这样一个人，他使饥饿的威胁退却，不仅解决了我国十几亿人口的吃饭问题，甚至为全人类带来了福音，他就是"杂交水稻之父"袁隆平。国际水稻研究所所长、印度农业部前部长斯瓦米纳森博士高度评价他的成就："不仅是中国的骄傲，也是世界的骄傲。"

再如这样一个人，她曾经在英国广播公司发起的"20世纪最具标志性人物"活动中，与爱因斯坦、居里夫人一起入选，颁奖词写道：如果要用拯救了多少人的生命来衡量一个人的伟大程度，那么毫无疑问，她是人类历史上最伟大的科学家之一，她研究的药物挽救了数百万人的性命。她就是我国首位诺贝尔生理学或医学奖获得者、发现了有效治疗疟疾的药物——青蒿素的药学家屠呦呦。而在此之前，人类和疟疾的战争在全球范围内已经持续了上千年。

虽说由于天赋、能力和努力程度的差异，不同的人对他人贡献的大小可能有差异，但充分利用有限的生命，在有生之年积极学习、努力付出，担负起生命的爱与责任，力求以最大的光和热回馈亲人、造福社会，是每个生命应有的使命。一如鲁迅先生所言："无穷的远方，无数的人们，都和我有关。"

三、实现价值与意义

如果说呵护身体和健康是为了延续生命的长度，承担爱与责任是为了拓展生命的宽度，那么实现价值与意义就是为了提升生命的高度，它不在于我们活了多久、取得了多少成就，而在于我们能在多大程度上意识到自身的潜能与使命、自觉地赋予有限的生命以充实的内涵，勇于突破生命的种种局限，奋力追寻生命的无限可能，最终活出自己最好的样子。

我们都曾被美国作家海明威的《老人与海》深深打动，它告诉我们人可以失败，但不可以被击败，肉体可以遭受折磨，意志却神圣不可侵犯。在中国，有一个现实版的"老人与山"的故事。主角是一位叫作夏伯渝的无腿爷爷，他在 69 岁那年，依靠一对义肢，登上了世界屋脊珠穆朗玛峰的峰顶，而在此之前，他已经经历了四次失败。

1975 年，26 岁的他在第一次登顶挑战中冻伤了双脚，不得不截肢。在接下来的几十年中，他又三次挑战，却都没有成功，距离梦想最近的一次只剩 94 米，因为天气突变而不得不放弃。在追寻梦想的几十年中，他经历了截肢、癌症，多次大手术的磨难，却从没有停下高强度训练的步伐，反而愈挫愈勇，一次又一次挑战不可能。

不负此生的最好方式，就是充分地活过——争取尽可能多的时间、做出力所能及的最大贡献以及成为最好的自己。在这个自我照顾、自我完善和自我超越的过程中，愿你活出生命的精彩。

第五课 | 警钟长鸣：安全与生命同行

其实每个人都有预知未来并保护自己生命安全的"超能力"——识别危险、预知结果、远离危险并保护自己。

拒绝烟酒

《中国吸烟危害健康报告 2020》显示，我国吸烟人数超过 3 亿，烟草每年使我国 100 多万人失去生命。香烟中的尼古丁与酒精中的乙醇都对中枢神经系统产生兴奋和麻醉的作用，并且能够使人上瘾，长期吸烟喝酒，还会导致肝、胃、肺、食道、喉等的癌症病变以及心脏或神经系统疾病。除此之外，吸烟喝酒也与焦虑抑郁、网络成瘾、人际关系、暴力、犯罪等心理行为问题的出现高度相关。

生命知识窗：一根烟也会让人上瘾？

香烟中含有高成瘾物质尼古丁，能够收缩血管、加速心跳，影响神经系统。由于尼古丁是最易成瘾的物质之一，较难戒除，所以很多吸烟者的烟瘾往往是持续一生的。在我们的普遍认知中，只有吸烟多年才会对烟上瘾，产生依赖，但一项针对青少年吸烟的研究发现，青少年平均每星期只吸两根烟就会出现成瘾症状，有些人只吸一两根烟就会出现戒断反应。

研究者对结果进行了解释，烟瘾是通过戒断反应出现的时间不断缩短而强化的，因为反复吸烟会增加对尼古丁的耐受性，需要更频繁的刺激才能避免戒断反应的出现。这可以理解为：在吸完一根烟到感到焦躁、注意力无法集中、想吸下一根烟等感觉（戒断反应）出现时，这中间的时间间隔越短，说明烟瘾越大。这也解释了为什么刚开始吸烟的时候每周只需要一两根烟，但是吸烟多年以后变成每天需要多根烟。

这些最新的尼古丁成瘾研究告诫青少年，请不要轻易尝试吸烟，成瘾远比我们想象中的容易，也更难摆脱！

调查结果发现，青少年终身烟酒使用率与其开始使用烟酒的年龄成反比，也就是越早开始使用烟酒，越可能终身依赖烟酒，这也意味着身心将遭受更严重的伤害，罹患疾病的概率也更高。

烟酒等从本质上来讲都是成瘾物质，对于青少年而言，这些都是健康成长过程中的风险因素。另外，青少年本身所具有的独特性，也增加了物质成瘾的风险。

●感觉寻求的倾向：青春期的孩子充满好奇与探索欲，也充满能量与热情，渴望新奇刺激的体验，拒绝无聊的感受。吸烟、饮酒等对于一些缺乏对烟酒危害认识的青少年而言，就是满足感觉寻求倾向最"刺激"的方式之一。

●心理需要的满足：还有一些青少年渴望归属于一个团体，或者在同伴群体中凸显出自己的独特性，吸烟、饮酒就为他们提供了这样的途径。有些人可以意识到这种方式的危害，但是他们以为归属于某个群体或者自我个性的彰显更为重要，因而做出了错误的判断和选择。

●错误的社会模仿：模仿是人学习的重要方式，青少年对同龄人、成年人的行为模仿对他们的成长具有重要影响。有时，青少年仅仅是看到自己欣赏的某个明星、电影角色或者崇拜的人有吸烟、饮酒习惯就轻易模仿，更不可思议的是，这种模仿学习更多是在无意识的情况下进行的。

● 心理压力的纾解：成长的烦恼需要面对，更需要给自己足够的时间和耐心。有些人可以采取积极的方式直接解决问题或者调整心态，有些人却错误地模仿电影、小说情节或身边的人，试图通过烟酒等麻痹自己，缓解情绪压力。

另外，青少年可能会通过烟酒表达对父母的反叛，以伤害自己的方式拒绝父母的管教，同时也试图以此减轻内心的负面情绪……

避免成瘾的最好办法是：提高防范意识，有效地保护自己，对每一次的诱惑勇敢说"不"。

青少年要在日常生活中做到：

第一，学习并了解烟酒等的危害以及成瘾机制，提高生命安全意识。

第二，提高防范意识，拒绝诱惑，不轻信谎言。如：不去治安复杂的场所，比如酒吧等；外出不与陌生人搭讪，不接受陌生人提供的任何物品；在公共场所留意饮料、食物，离开座位时要有人留看；不轻信他人，不轻易尝试别人推荐的"新奇"东西等。

第三，培养健康的生活方式，学会应对压力与困难，在难以自我消解的时候能够主动求助，拒绝危险因素侵入生活。

虚拟世界的非虚拟风险

网络给生活带来了巨大的便利，也颠覆了传统的生活方式，甚至改变了一部分人的命运。但在享受网络普及带来的红利时，我们确实面临着比以往更多的风险，比如个人信息被盗取、交友风险、网贷危机、网络成瘾、网络诈骗或犯罪等，甚至还有更加危险而残忍的"死亡游戏"。这些危险在虚拟的网络世界里戴着各种面具出现，容易让人失去防范，一步步掉入陷阱。

2017年，共青团中央官方微博曾发布一条信息："为何要将自己囚禁在幽深的海底？你明明可以翱翔在广阔的天空！捕鲸计划，已经启动……"这里的"鲸"是指在网络上流行的"蓝鲸死亡游戏"，这个游戏通过QQ群、微信群诱导参与者做出自我伤害行为，比如每天进行自我睡眠剥夺、自残自伤最终导致自杀。这些参与游戏的青少年并不是完全没有意识到这些行为的危险性，却仍然有一部分人愿意为此买单。这恰恰提醒我们只有彻底远离危险才是保护自己的最好办法。那么我们在上网时，如何保护自己呢？

1. 保护个人信息

不要轻易填写、发布自己的真实信息，比如真实姓名、家庭住址等；尽量不共享自己的位置或者不共享精准位置等；在公共场所尽量不使用公共Wi-Fi，避免被盗取信息与账号、密码等；

确认信息来源，不要轻易点击未经核实的链接，谨防资金或信息被盗取。

2.谨慎结交网友

与网友互动要保持警惕，不轻易泄露个人信息，不轻易相信对方的要求和求助，尤其是那些"天上掉馅饼"的好事；尽量不将线上关系发展到真实生活，如有必要与网友见面或参与集体活动时，要及时告知成年人，在确保安全的情况下，由成年人陪同前往。

3.适度使用网络

当无限沉溺于网络世界时，青少年会失去与现实生活的联结，在最活力无限、积极奋进的美好年华让自己变成了不知天下事、浑浑噩噩的"网虫"。让网络真正成为服务于学习与生活的工具，在上网时要注意筛选、浏览健康的信息，并严格限制自己使用手机、电脑等电子设备的时间。

青少年更易发生意外伤害

2017 年发布的《中国青少年儿童伤害现状回顾报告》对 2010 至 2015 年间我国 0 ～ 19 岁青少年儿童伤害死亡和发生情况作了回顾，发现伤害一直是我国 0 ～ 19 岁青少年儿童死亡的首要原因，占所有死因的 40% ～ 50%，溺水、道路交通伤害和跌倒 / 坠落是前三位伤害死因。

青少年是意外伤害的高发人群，是因为其生理特点和独特的属性。

一、偏爱冒险："这都不叫事儿"

青春期阶段是我们人生中的第二个生理高速发展期（第一个生理高速发展期是 2 岁左右，可惜我们没有记忆能够帮我们重温当时的感觉），不仅外观体征有明显的变化，大脑也在高速发展，为我们迎接成年生活做充分的准备。研究者发现，人类大脑中主要存在两个系统指导和支持着人们进行日常活动，一个是理智系统，另一个是情绪系统。理智系统的发展成熟能够增强个体对自身认知、情绪、行为等的调节能力，它在整个青春期逐渐发展，直到 25 岁左右；情绪系统参与情绪发生与表达，激励个体寻求奖励，该系统在青春期开始时便迅速发展，在青少年中期(13 ~ 15 岁)达到顶峰，之后发展逐渐变缓。

正是由于大脑的理智系统与情绪系统在发展进程上的差异，导致青少年特别容易出现一系列由情绪引发的冲动和冒险行为，由于其缺乏对风险、自我能力的理性评估，从而增加了伤害的发生。你也可能曾经做过或看见同学做过一些危险动作，比如在很高陡的斜坡滑滑板、高速骑车、在高处攀爬甚至跳下、不遵守交规横穿马路等。这些冒险行为，能够带来惊险、刺激的体验，但同时也会带来很多意外事故。

二、自我中心："我和别人不一样"

随着认知的不断发展，你的抽象水平的加工能力以及辩证思考能力越来越强，你可能会发现自己这个阶段的思维非常活跃，也很善于从很多方面去思考问题，如果能有人与你进行一场酣畅淋漓的辩论就更好不过了。当然，这是你变得"更聪明"的标志，也是你越来越关注自己的原因。得益于这个阶段的巨大变化，你的自我意识显著提高，对于自己是谁、是否受欢迎、能够成为怎样的人充满了好奇，并尝试找到问题的答案。这时，你也许会坚信自己和别人很不同，哪怕你和别人有相似的经历，你也是那个最特别的。这种"自我中心"的心理特征会影响青少年的心理感受和行为表现，比如对自我体验的夸张、对危险的过分轻视、对同伴压力的过度敏感，以及对自我独特性的夸大等。

面临危险时，似乎这份独特性会带给你无限的幸运——"我和别人不一样"。这就能解释为什么明知有风险的存在，但是青少年还是愿意相信自己会免于伤害。

致命主因：溺水与道路交通伤害

调查数据显示，溺水是我国 1 ~ 14 岁少年儿童的首位伤害死因，对于 15 ~ 19 岁青少年而言，首位伤害死因则是道路交通伤害。

一、悄无声息的危机：溺水

每年夏天，天气炎热，清凉的河边、泳池、海边就成了每个人都向往的避暑娱乐地点。在水中自由畅快地游泳，或者在水上乐园玩耍嬉戏，光是想想都让人觉得快乐。但是，轻松玩耍的背后潜藏着特别容易被忽视的安全隐患——溺水。不管是新闻报道，还是众口相传，相信你每年都会听到一些溺亡消息，令人震惊，更令人惋惜。

据不完全统计，大多溺亡事件发生于开放水域，这是由于在

开放水域突发溺水事故的生还概率非常低，更容易发生溺亡事件。在开放水域一旦发生溺水事故，容易因为人多、环境复杂等忽视溺水者的异常，难以及时提供救援。另外，专业施救、打捞人员和船只等赶赴溺水点实施救援需要一定时间，因此突发溺水事故的生还概率极低。为了确保安全，不要在开放水域游泳，要在划定的安全区域内玩耍游戏，穿戴好救生设备，不做危险动作。

防溺水的自我保护清单：

● 不管你是否擅长游泳，都需要满足这几个条件才可游泳：有成年人陪同、身体状态良好、未进行过激烈运动、安全的水域（尽量不去开放水域游泳）。

● 游泳前务必做好热身准备，待身体适应水温后再下水。

● 游泳过程中不要远离同伴，不与同伴嬉笑打闹，不进行长距离游泳。

● 游泳过程中感到不适要立即停下休息，遇到紧急情况立刻呼救，保持冷静，做好自我救护。

生命知识窗：为什么不建议青少年亲身入水对溺水者实施救援呢？ ▶◀▶◀

我们在新闻中常常可以看到，见义勇为的救助者在实施救助时不幸牺牲。悲剧频发是因为这些救助者并未经过专业救援训练，或者缺乏对救援溺水者的基本了解。当人落水后，会因为害怕而强有力地挣扎，如果是未经专业培训的救助者前去施救，可能会被溺水者击中导致危险或救援失败。青少年相对而言体格弱小，更难应对挣扎的溺水者，更易发生危险。另外，如果对水域和相关情况不了解，贸然下水救人，不仅无法实施救助，还会直接将自己置于危险境地。因此，作为缺乏救助经验的青少年，更理性的做法是保持冷静、及时呼救、力所能及地提供援助。

二、如影随形的危险：道路交通伤害

自 1996 年起，我国就确定每年 3 月份最后一周的星期一为全国中小学生安全教育日。在 2022 年的全国中小学生安全教育日，公安部交通管理局联合教育部基础教育司发布了中小学生道路安全知识海报，主题有驾车要有证、集体乘车要守序、横过道路要专注、不做低头族、平衡车不能代步、骑行不做危险动作、远离内轮差、上车就系安全带等。

道路交通安全与每个人都息息相关，道路交通伤害也是最受关注的意外伤害之一。

全球儿童安全组织分别在我国的北京、上海、广州、深圳四个城市对上千名中学生步行途中使用手机等电子设备的情况开展了调查，结果显示，四个城市的被观察学生都出现了步行途中使用电子

远离内轮差

设备的现象，仅在比例上略有差异。可见，步行途中使用电子设备已经成为青少年道路安全的"隐形杀手"，这源于青少年对行走途中使用电子设备可能产生的安全风险有明显低估或忽视。回想一下，你在行走途中有没有使用过手机？你的身体是否曾因此受到过伤害？

研究发现，走路分心时，受到意外伤害的概率会增加数倍，在交通繁忙的路段分心，后果更是不堪设想。如果你有在步行时使用手机的习惯，请从现在开始，努力从危险行走的"低头族"变为安全步行的"抬头族"，在步行时将手机放在口袋中，把自己交还给美好的自然风光与人文风情，看看远方的蓝天、听听身边的嬉笑，感受周边的美好，也收获一份安全。

意外伤害的防护指南

意外伤害在生活中时常可见，除了溺水和交通伤害外，跌伤、切伤，或者触电、烧伤、烫伤等这些伤害轻则损伤身体，重则危及生命。对于个体而言，提高安全意识，尽力做好自我防护，规范自己的行动，可以最大程度地减少对自身和家庭的伤害。

一、警钟长鸣，提高安全意识

意外伤害最会在疏忽、侥幸之时乘虚而入，不要总是抱有"我会没事"的侥幸而忽视潜藏于身边的危险，进而做出有损于自身健康与安全的行动，或将自己置于危险之中，否则只能追悔莫及。

只要你开始珍视生命，重视自己行动的影响，提高对自身、他人安全的保护意识，就能够在很大程度上降低意外伤害发生的概率。

二、生命至上，遵守安全规则

那些蔑视规则、不遵守规则的人，更容易将自己和他人陷于伤害之中。在社会类新闻中，违规穿行或驾驶，违规游泳，不规范使用电、火等造成的伤害屡见不鲜。可以说，将安全规则视若无物，相当于用自己的鲁莽无知挑战生命安全的底线。在日常生活中，除了要主动学习安全知识，清楚地了解安全隐患和伤害风险，更要真正守好安全红线，规范自己的行为。

三、防患于未然，学习必要技能

提高安全意识、遵守安全规则能最大程度预防意外伤害的发生，而在意外发生前就掌握必要的生存技能可以降低伤害程度甚至挽救生命。比如，掌握游泳技能，学习专业的应急处理措施与急救知识，了解各种意外情况下的救护技能，等等，不仅可以在危险发生时进行自救，减轻伤害的程度，甚至还能惠及他人，帮助他人在危机中获救。

生命很顽强，风风雨雨都可抵挡；生命也很脆弱，经不起疏忽与冒险。人生的悲剧不像电影，没有前情预告，也少有奇迹发生，只要一瞬间就成定局。我们唯有珍爱生命，谨防意外。

第六课 | 走出阴霾：对自我伤害说"不"

　　一些不可控的力量可能会拿走你很多东西，但它唯一无法剥夺的是你自主选择如何应对不同处境的自由。你无法控制生命中会发生什么，但你可以控制面对这些事情时自己的情绪与行动。

——维克多·弗兰克尔《活出生命的意义》

难言的成长之痛：非自杀性自伤

我第一次自伤是在初中二年级，那时候我不知道该怎么融入集体被同学喜欢，我在班里没有一个可以交心的朋友。一次体育课上，老师让我们自由分组，只有我找不到自己的小组，因此也没能拿到作业成绩。回到家后，我非常沮丧，感觉世界就剩下了我自己，没有人喜欢我。我失去了理智，只希望从这窒息的痛苦中脱身。这时我看到桌子上的小刀，疼痛将我从深渊中拉了回来。想到自伤，我感到深深的不安，我并不想伤害自己，也知道这样做不对，但是我越难过的时候就越需要通过自伤来疗愈。因为在那一刻，比起身体的疼痛，我更害怕心理的痛苦。难以控制的情绪和自伤，都是我隐蔽的伤口，隐隐作痛。我从一个深渊出来，却陷进了另一个深渊。

　　这是一位曾自伤多次的中学生的自述。也许很多人都难以理解为何会有自我伤害的事情发生，但事实是，在当今时代的青少年群体中，自我伤害正在隐蔽之处频繁发生，威胁着生命的安全，同时也折损了生命的尊严。自伤者通过伤害身体产生的生理性疼痛来缓解心理或情绪方面的痛苦，"身体痛了，心就不会痛了"。手臂或手掌上深深浅浅的伤痕只有靠长长的衣袖遮挡起来，才能不被发现，疤痕虽被遮盖，成长过程中的伤痛却依然无法得到疗愈。

　　提到自伤，也许你很容易就联想到了"抑郁""精神疾病""心理问题"等，实际上，心理或精神类疾病并不一定会导致自伤，而发生自伤行为的人也并非全部处于心理或精神疾病状态中。不可否认，患有心理疾病或精神疾病的人会更可能由于其不稳定的心理状态而做出一些自我损伤的行为。还有一些人因为情绪问题或者其他现实问题，甚至仅仅因为无聊、好奇、模仿而自伤自残，他们的自伤自残更加隐蔽，躲在暗处难以被察觉。资料显示，非自杀性自伤倾向往往在青少年早期开始，在青年期之后会减少。

一、非自杀性自伤的动机

- 作为减少压力或消极情绪的方法；
- 对察觉到的错误的自我惩罚；
- 控制他人的手段（获得他人关注、支持或免除责任与义务等）；
- 恳求帮助（希望别人看到自己当前所处的困境，获得帮助）。

大多数实施自伤行为的人是为了缓解难以承受的消极情绪。

一项研究发现，严重的负面情绪出现在自伤之前，实施自伤行为后负面情绪得到缓解。由此，有些人误认为自伤是积极性的行为，拒绝寻求或接受帮助。

进入青春期以来，激素水平的变化以及大脑的迅猛发展驱动着强烈而不稳定的情绪，同时异常突出的自我关注也导致了对事物判断的偏差，两者相遇就像剧烈的化学反应，直接催生了更加艰难的情绪调节。青少年每天都要应对的学业任务与人际交往，不仅仅是成长过程中的压力源，也顺理成章地成了这个化学反应的催化剂，加速了动荡情绪的发生，甚至产生攻击反应（指向自己或他人）。如果可以在社会关系中获得支持或帮助，或者能通过健康的方式及时消解负面情绪，甚至将困难升华为积极的行动，自伤行为就几乎不会发生；相反，缺乏信心、感到孤独，或者找不到合适的渠道宣泄情绪，很可能会选择自伤来缓解负面情绪，并逐渐将其发展成为应对痛苦的优先策略。

生命知识窗：自伤者的心理画像

1. 明显的情绪脆弱。与非自伤者相比，自伤者的消极情绪反应更为强烈，消极情绪更容易被唤起同时也更难被安抚。

2. 困难的情绪管理。自伤者在情绪感受和情绪表达方面可能存在困难，在觉察、感受、接受自己的情绪方面表现迟钝，也可能是难以通过言语准确表达或传递情绪感受。

　　3. 极端的自我贬损。每个人都可能会不满意自己的某些表现或某些方面，但最终都应该接纳这个不完美的自己。但是自伤者的自我评价更加消极和极端，倾向于全面的自我否定，消极看待自己的行为，更可能做出自我攻击行为——自伤。

二、为什么应当拒绝自伤行为

　　第一，自伤是消极应对。尽管在实施自伤后，消极情绪会得到释放和缓解，却会对身体造成难以预估的损伤。另外，自伤是一种回避性的策略，通过将痛苦从心理转移到身体来获得暂时的愉悦感，从根本上来讲，这种方式是无法提高情绪管理能力的，反而触发了"痛苦—自伤—痛苦—自伤……"的恶性循环。

　　第二，自伤会上瘾。随着自伤次数的增加，个体对相同程度的疼痛感受性会下降，而自伤之后产生的愉悦感强化了对疼痛感的需求，久而久之，自伤被误以为是一剂包治百病的"良药"，只要内心痛苦就会立刻服用，还会不断加大剂量。

　　第三，自伤者的自杀风险较高。一方面，严重的精神痛苦需要强烈的身体疼痛才能得以缓解，而自伤的程度是难以精准把握的，可能一不小心就会威胁生命安全；另一方面，自伤者在面临长期无法解决的压力或者强烈的精神痛苦下，更可能因为对疼痛的麻木感而做出冲动自杀行为。无论何种原因，自杀都是我们最希望能够在生命发展过程中避免的事情。

三、如何预防非自杀性自伤行为的发生

自伤也许能让人暂时远离情绪风暴中心，却是对生命健康的漠视，也是对生命尊严的亵渎。在面对情绪困难时，不妨试着用一些更积极的方式去解决，比如：

● 保持规律的生活作息和运动习惯。保证充足的睡眠和规律的运动，让自己的身体处于一个良好运转的状态，为应对生活中的事情提供足够的体力和精力，也有助于调节情绪、保持好的情绪状态。

● 学习更有效的情绪表达方式。尝试通过书写、沟通交流、艺术表达等方式来表达自己的情绪感受。在表达的过程中，身体和情绪都可以逐渐平静，也能够促进觉察、反思，寻找到真正解决问题的办法。

● 创造让自己感到放松的空间。创造一个属于自己的放松空间，在这个空间里充分释放情绪，也在这个空间里获得能量。比如可以在这里听歌、写诗、画画、打拳、放空或者和自己的玩偶玩一玩……

不可逆转的悲剧：青少年自杀

在游戏中，当一个角色死掉时屏幕会变暗，算作是对这条"生命"逝去的祭奠。几秒钟之后，屏幕亮起，这个角色会重新回到

出发的地方开始新一轮的征战，以此往复。游戏世界里"死掉"不会让人那么沮丧，不仅糟糕的游戏局面会随之终结，而且"死后"还能满血复活，迎来新生。但人世间，生命是一趟不可逆转的旅程，没有时光倒流，更没有满血复活。

生命不是孤岛，是爱与被爱，是惦念与牵挂。一个鲜活生命的逝去，必定会给周遭的至亲带来巨大的悲伤。

自杀不仅对于个人而言是一场悲剧，对于家庭、社会也是如此，是任何人生命所不能承受之痛。

通常来讲，当遭遇生活中的困难或不幸时，我们不会立刻产生自杀念头与自杀行为，哪怕是有了自杀念头，也不会立刻做出自杀行为。也就是说，消极生活事件、自杀念头、自杀行为这三者之间都有很长的心理路程。但是，在青少年群体中，越来越多年轻生命的陨落发生在顷刻之间——从负性事件发生到自杀身亡只有短短几分钟，甚至几秒钟。没有后悔的余地，也没有挽救的可能，生命如疾风一般消逝，令人悲恸。

青少年冲动性自杀多是小事触发，在冲动性格的催化下，快速做出自杀的决定，并毫不顾忌地付诸行动，错把死亡当作是解决困难与缓解痛苦的唯一方式。这是因为，对于生活经历有限的青少年来说，小事就是最要紧的大事；当痛苦情绪瞬间达到满格，由于他们缺乏足够强大的自我控制能力，冲动容易占上风，很有可能会做出自我伤害的极端行为。国外一项对自杀未遂的青少年进行的访谈发现，这些孩子在自杀的那一瞬间都后悔了，也意识到自己一直纠结和痛苦的事情，其实是可以找到转机的。

走出阴霾：青少年自杀的自我预防

一、健康生活，保持身心愉悦

健康的饮食。按时吃饭，丰富膳食，均衡营养。避免暴饮暴食、偏食挑食以及盲目节食，少吃零食，养成良好的饮食卫生习惯。

充足的睡眠。青少年需要保证每天 8 ~ 10 小时的睡眠，给身体和大脑以充分的休息。另外，要保持规律的作息，避免熬夜。

规律的运动。每周至少进行 3 ~ 5 次的有氧运动，每次运动时间不少于 30 分钟。在运动时选择安全的方式，做好身体准备，避免运动损伤。

二、保持觉察，主动寻求帮助

自杀的风险因素有很多，比如罹患精神疾病或严重心理问题，遭遇重大生活变故或创伤，不良的家庭关系，环境中的潜在风险因素（如家住高楼），模仿或盲从等。当受困于某个因素，有明显的情绪困难时，需要有足够的自我觉察，对自己的心理状态和心理需求保持高度敏感和清醒自知，除了自己努力调整心态，做出积极行动，还要懂得主动向外寻求帮助。求助对象既可以是身边值得信赖的亲友师长，也可以是心理领域的专业人士。

三、提高韧性，乐观面对人生

在遇到困境的时候，我们不要轻易就认为自杀是走出困局的突破口，也不要将其看作是可以自由选择的个人决定。我们不能只看到那些选择了死亡的人，更要看到坚强活着的人，他们在每一个平凡的日子里用不平凡的毅力和韧性回应着生活提出的问题。

生命没有容易二字，从万物进化到人类诞生，从生命孕育到成长发展，看似顺理成章的过程其实都经历了重重考验和万般努力。由此也便可知，幸福不是人生自然而然的结果，而是承受痛苦后的战利品。

四、积极行动，追寻生命意义

在奥斯维辛集中营经历了噩梦般的非人生活后，心理学家弗兰克尔依靠心中坚定的信念成为少数幸存者之一。在集中营他目睹了各种各样的死亡，自己也在生死之间苦苦挣扎，于是他开始思考并探寻人为何能够在苦难中活下来。"知晓为何而活的人，便能生存"，人们活着是为了寻找生命的意义，在追寻生命意义的过程中，人都应当以严谨的态度来对待自己的生命，尤其是生死问题。弗兰克尔总结出三种发现生命意义的途径：

● 做有意义的事情，体验成功或成就感，比如工作、学习、参加志愿活动等；

● 体验生命中的美好，或者发自内心地关爱他人，比如爱；

● 经受生命中的苦难，在勇敢接受痛苦挑战的那一刻，生命就有了意义。

生命知识窗：成长型思维

斯坦福大学卡罗尔·德韦克教授认为人的思维方式分为两种：成长型思维和固定型思维。简单而言，成长型思维就是迎接挑战，相信失败是暂时的、一切皆有可能；固定型思维则是回避挑战，认为失败是彻底的、意味着一败涂地。一个人拥有成长型思维，能够更乐观地应对生活和学习中的挫折，对生活抱有更积极的期待，也更有机会拥有高质量的幸福人生。

可以说，拥有成长型思维的人就像是打不倒的"小强"，能够于困境中找到希望。

可见，痛苦的体验并不必然导致悲剧的发生，因为人类本就具备从创伤中复原的能力，但如果找不到生存的意义，一切的美好和乐趣都将变得索然无味。

生命的意义并没有普适性的答案，因为生命的意义在于每个人经历了什么，在于不同时刻、不同阶段所面临的问题，在于每个人如何用自己的行动回应生命的提问，最终这些将共同建构起一个人的人生价值与意义。伟大的天才作曲家贝多芬年纪轻轻就身患耳疾，濒临自杀，甚至已经写好了遗书。但是，他并未轻率行事，而是决定在未来的苦难、孤独中挺立坚持，甚至保持着旺盛的创作力，创作了一系列伟大的作品。

生命的充盈从来不是将所有的苦痛排除在外，而是在遍历酸甜苦辣之后拥有无惧挑战的勇气和积极生活的力量。当我们抱有这样的坚定信心时，便会重新看待生命中挫折、困苦和磨难的意义，能够更加珍惜生命，让生命开出灿烂的花朵。

第七课 | 拒绝冷漠：心中有爱，生命至上

  敬畏生命绝不允许个人放弃对世界的关怀。敬畏生命始终促使个人同其周围的所有生命交往，并感受到对他们负有责任。对于其发展能由我们施以影响的生命，我们与他们的交往及对他们的责任，就不能局限于保持和促进他们的生存本身，而是要在任何方面努力实现他们的最高价值。

——史怀哲《敬畏生命》

生命至上：不做残忍的"刽子手"

影视剧及社会新闻中讲述的那些关于校园暴力的恶性事件，让我们看到人性最深处的冷酷便是对他人生命的无情漠视，就像是沼泽地里的一潭死水，这些伤害他人的人不仅浪费、消耗着自己的生命，还是威胁他人生命安全与尊严的定时炸弹。

在校园隐秘的角落里，一群孩子聚在一起，在成年人看不见的地方向别人肆意挥舞拳头，耀武扬威，制造着校园欺凌。校园欺凌会对被欺凌者的身体健康、生命安全、心理情绪、学业人际等方面造成伤害，严重的会直接夺去一条鲜活生命。其实，校园欺凌并非只对被欺凌者产生伤害，对于旁观者以及欺凌者也都存在不同程度的危害，比如旁观者会感到内疚、恐惧，欺凌者更容易将自己置于危险的处境等。

在校园欺凌事件中，通常有三种角色：欺凌者、被欺凌者以及旁观者。

欺凌者：欺负别人的人，可能是一个人，更多的是一个群体。

被欺凌者：受到他人欺负（可能是某一次，也可能是反复多次）的人。

旁观者：在欺凌发生时，作为知情者、目睹者、干预者（既包括帮助被欺凌者，也包括协助欺凌者）。

如果你是欺凌者，我想对你说：

●伤害是被禁止的，也会受到惩戒。没有任何理由可以支持你伤害别人，无论是你不喜欢这个人，还是这个人不够好，或者是你曾被暴力对待过……

●"己所不欲，勿施于人"，不要将自己的快乐建立在他人的痛苦之上。

●学会用正确的方式去满足自己的心理需要，比如通过热心助人获得同伴认可等。

●审视自己的是非观念与生命态度，尊重每个人的生命尊严。

如果你是被欺凌者，我想对你说：

●你要清楚地知道自己是否正在被欺凌。

●交朋友，在关系中获得同伴的支持和保护。

●不要一味忍受，学习保护自己的方法。

●相信成年人可以为你提供帮助和保护，请立刻寻求他们的帮助。

如果你是旁观者，我想对你说：

● 请把你所见所知的欺凌现象告诉老师和家长。

● 如果可以，请邀请被欺凌者加入你的朋友圈。

● 运用技巧、话术等，提醒欺凌者意识到他们行为的后果，或者劝说他们终止行动。

● 对被欺凌者保持关注，在必要时可以报警或求助师长。

● 以上的一切，都需要你首先保护好自己。

校园欺凌并不单纯是无知少年的"游戏"，更是对生命的漠视和冷酷，我们谁都没有掌握生死的无上权力，对待生命唯有珍视：爱护自己，善待他人。

生命知识窗：生命存续权 ▷◁▷◁

生命存续是每个人最基本的权利。我国《中华人民共和国民法典》第一千零二条规定："自然人享有生命权。自然人的生命安全和生命尊严受法律保护。任何组织或者个人不得侵害他人的生命权。"生命权是一次性权利，生命一旦丧失则不可逆转，因此，生命权具有最高法益。在某种程度上，国家制定法律的最终目的可以归结到对生命权利的保护。

法律对生命存续和安全的保护是基于对生命的最大尊重，通过强制手段来维护每一个人最重要的利益，同时也提醒我们：生命神圣不可侵犯！

心中有爱：每一种生命都值得尊重

你养过宠物吗？你是小心呵护还是粗暴对待？

看到受伤的小鸟，你是用心救护还是置之不理？

当蚂蚁爬到你的腿上，你是轻轻弹走还是毫不犹豫地把它踩死？

你对于野生动物制品交易的态度如何，坚决抵制还是事不关己？

……

对于上面的这些情景，你都是怎么做的呢？

我们从小就知道要爱护动植物、善待生命，却很少审视自己

的日常行为，也甚少反思自己对待其他生命的态度。席慕蓉曾写过她在乡下种的一棵莲雾树，这是一棵结果不太多的树，只有稀稀拉拉几串果子。邻居告诉她，只要冬天在树干低处砍上几刀，并且在树根处撒上一些盐，第二年一定可以结出很多很多的果子。她照做后，第二年果然收获了丰盛的果实。后来，一位植物学领域的学者告诉她，这是植物应对生命危机的本能反应——调用一切力量来保证生命的延续，这种本能力量就是拼命开花结果。得知此因，席慕蓉饱含敬畏也满腹歉意，她在书中写道："对我来说，这满树的果子只不过是一场可有可无的丰收而已，但是对于这一棵站立在土地上的生命而言，它所经历的这整个冬季春季与夏季，是一种怎样巨大的惊恐和挣扎呢？我其实没有权利这样对待它的。同样都是在这个地球上一起生长的生命，我们真的没有权利来这样对待它们的。"

不止这棵努力生长的莲雾树，自然界的每一个生命都是如此，为了自身存续要对威胁与伤害保持最高的敏感度，为赢得"生存之战"倾尽全力。当我们看到这些生存的努力，便会对生命多一份尊重和善意，虐待生命的行为也便能减少一些。

尊重每一种生命，首先要确立尊重生命的态度。人类与其他生命体一样，只是大自然中的一分子，也许我们生来特别，却并不比其他物种更为尊贵，更不该傲慢地将自己视为大自然的主宰。通过反思自己的日常行为，澄清自己对待生命的态度，比如在本节开篇的四种情景下，你的行为就在一定程度上反映了你对待其他生命的基本态度。

我们可以在日常生活中抱有同理之心，做出善待生命的行动，比如参加流浪动物救助志愿活动、自觉保护身边的花草树木、不使用一次性筷子、抵制野生动物制品、拒绝食用野生动物等，还可以参与动植物保护宣讲活动，以多元的方式，从微小的行动做起。

尊重每一个生命，最终是用实际行动带动他人。在大自然中，每个物种都有存在的意义，都是生态链中不可缺少的一环。当潘多拉魔盒被打开时，没有哪个生命体能独善其身、幸免于难。环境的改变会影响所有生命的存续，我们可以尽力通过实际行动去影响并带动他人，当越来越多的人开始努力保护大自然，珍视并敬畏每一个生命时，我们就能拥有一个更美好的生存环境。

哲学家海德格尔曾说："人不是自然和大地的主宰者，只是它们的维护者，人应该和动物、植物平等相处。"所以，我们要尊重地球上的一切生命，不仅仅因为人类具有慈悲怜悯之心，更因为我们人类与自然休戚与共、命运相连。

生命知识窗：动物友好型旅游

为了避免人类旅行对野生动物造成的伤害，世界动物保护协会首先提出"动物友好型旅游"，倡议在涉及动物的旅游活动中，避免观看和参与可能给动物造成伤害与虐待的旅游活动，倡导游客选择在动物受到良好保护的场所，以不给动物带来干扰的方式体验动物的自然魅力。"动物友好型旅游"也是减少旅游业对全球野生动物保护负面影响的重要解决方案之一。

第八课 | 自我赋能：绽放真我风采

知人者智，自知者明。胜人者有力，自胜者强。

——老子《道德经》

认识自我：真我无价，看到真实的自己

一、认识自己是一种力量

世上没有两片完全相同的树叶，也没有两个完全一样的人。有人身体柔弱，有人体魄矫健，有人明艳似火，有人淡然如兰，不同的个体拥有不同的特征，不同特征的背后，是一个个鲜活而真实的生命，认识独属于自己的那份鲜活与真实，是每个人的使命。

对这份使命的追寻，从你孩提时代起就已经开始了，虽然在最初的时候，它的体现还不甚明了——妈妈在你鼻子上点了一个红点，带你去照镜子，你没有什么反应，不是你看不到红点，而是压根儿不知道它点在自己鼻子上。妈妈拿来好吃的，问你吃不吃，你回答说："你吃！"你不是在礼让妈妈，而是分不清"你""我"，不知道"我"是谁。然而无须等待太久——大约在你一岁半的某一天，你看着镜中的自己，忽然抬手想要将红点擦掉，这将是你生命历程中的一个重要转折点，它预示着你第一次意识到了自己的存在。过不了多久，你就能熟练地通过"我的！""我要！""给我！"来表达自己的需要了。

这些看似不起眼的小事其实意义非凡。哲学家康德说，当我们第一次正确使用"我"来指代自己时，我们面前就升起了一道光，这道光就是智慧，就是"理性之光"。正是这种明白"我是谁"的智慧让我们超越脆弱和渺小，成了万物之长。

伴随着成长，尤其是进入青春期之后，"我是谁"这个问题会更加频繁地进入你的脑海，这不是聊以打发时光的无足轻重的问题，相反，它是一个相当重要的问题，甚至可以说是我们成长中的核心问题。

只有充分认识自己，才能在茫茫人海之中确认自己独一无二的价值；才能在面对形形色色的评价时，保持清醒的自我判断；才能无论在顺境还是逆境面前，都积极地拥抱生活。

二、客观全面地认识自己

清楚地知道"我是谁"，并不是一件容易的事。

啄木鸟对青蛙诉苦，它对自己很不满意。它曾经想当歌唱家，就去拜百灵鸟为师。一年过去了，它的歌声还是一点都不动听，它心里很难过。

后来啄木鸟遇到了花猫，羡慕它捉老鼠的样子威风凛凛，又拜花猫为师。又是一年过去了，啄木鸟一只老鼠也没有捉着，它更沮丧了。

它对青蛙说："我既学不会唱歌，又学不会捉老鼠，真是百无一用啊！"青蛙安慰它说："唱歌需要一副好嗓子，捉老鼠需要灵敏的胡须和灵巧的身子，你的长处不在这里。你得先找到自己的长处，才能做好事情。"

小啄木鸟认真反思自己一路学艺的历程，终于想明白了：我有尖尖的嘴，锐利的眼睛，稳健的爪子，可以给大树捉虫。没过多久，它就成了一个快乐的好树医。

啄木鸟因为不了解自己的特点，盲目地跟随别人去尝试，却一次次备受打击，甚至对自我产生了怀疑。在生活中，你有没有过和它相似的心路历程？

啄木鸟的经历表明，认识自我并不是一蹴而就的，我们往往要经历很多探索和尝试，经过无数次的反思和比较，借助外界的反馈和帮助，甚至走过一些弯路，才能了解自己到底是一个怎样的人，具有怎样的气质、性格、思维风格、习惯偏好，具有哪些长处和短处、优点和缺点、兴趣和爱好，适合做出何种人生选择，并领悟蕴藏其中的好或坏的可能性。

生命知识窗：乔哈里窗 〉〈

心理学家提出了自我认识的"乔哈里窗"模式，它是指人的内心就像一扇窗，根据自我认知和他人对自己的认知之间的差异，可被划分为四个部分。

一是自己了解，别人也了解的部分，简称"开放我"。这是有关自我最基本的信息，也是了解自我、评价自我的基本依据。"开放我"的区域大小与一个人的内心开放程度、自信与否、性格倾向等有关，通常来说，与内向的人相比，外向的人该区域更大一些。

二是自己不了解，但别人了解的部分，简称"盲目我"。如一个人的处事方式、别人对他的感受、被人发觉却不自知的能力、偏好等。该区域的大小与自我反省能力有关。

三是自己了解，但别人不了解的部分，简称"隐藏我"。适度的自我隐藏是正常的心理需要，没有任何隐私的人，就像住在透明房间里，会缺乏安全感。但是当隐藏部分过多，必然导致开放部分过少，也就无法与外界进行真实有效的交流与融合。

四是自己不了解，别人也不了解的部分，简称"未知我"。这部分自我是仿佛隐藏在海水下的冰山，力量巨大却又不被看到。对未知区域的探索和开发，有助于我们更全面地认识自己、挖掘自己的潜能。

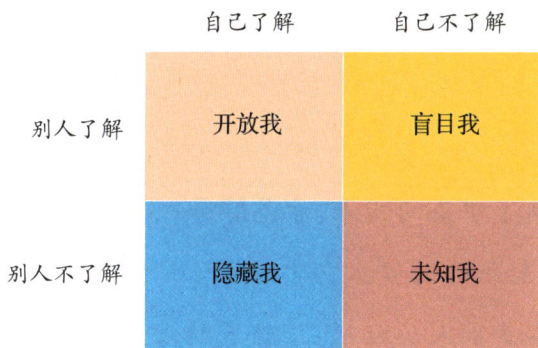

	自己了解	自己不了解
别人了解	开放我	盲目我
别人不了解	隐藏我	未知我

乔哈里窗

当我们学会敞开自己，勇敢地表达自己的想法，大方地展示自己的才华，就可以扩大开放区、缩小隐藏区；当我们虚心聆听他人的反馈，通过外在评价了解自我，就可以缩小盲目区；当我们积极尝试各种活动，从中不断发掘潜能，就可以缩小未知区。伴随着这个过程，我们会越来越了解自己，我们的心灵也会越来越开放、协调、充满活力。

三、正确对待他人评价

绘本《你很特别》讲了一个这样的故事：

微美克人是由木匠伊莱雕刻的一群小木头人，他们整天只做一件事：互相贴贴纸。木质光滑、漆色好的、有能力的木头人会被贴上金星星贴纸；木质粗糙或油漆脱落的、什么都做不好的就会被贴灰点点贴纸，胖哥就是其中之一。他常常因为各种各样的原因被贴上灰点点，甚至有时候只是因为身上有灰点点，就会被再加一个。"他本来就该被贴很多灰点点的。"大家都这么说，"因为他不是个好木头人。"听多了这样的话，胖哥也这么认为了，他很自卑。

有一天，胖哥遇到了一个名叫露西亚的微美克人，她的身上既没有金星星也没有灰点点，活得很轻松，这让胖哥很羡慕。露西亚说她是受到了伊莱的指点，于是胖哥也去找伊莱。伊莱告诉他："只有当你在乎贴纸的时候，它才贴得住，你越是相信自己是独特的，就越不会在意别人的贴纸。"胖哥相信了这一点，灰点点贴纸就从他身上脱落了。

"不识庐山真面目，只缘身在此山中。"很多时候，我们需要借助别人的评价来认识自己，然而，并不是所有来自他人的评价都对我们有裨益，有时，它们反而会成为我们认识自我之路上的包袱和藩篱。

盲目相信或过度抵触他人评价都可能会歪曲我们对自己的判

断，让我们陷入自卑或自负的泥潭。只有认真地辨析、甄别这些评价，多方收集相关证据，形成基于事实的客观判断，才能帮助我们走近真实的自己，面对消极评价尤应如此。

总的来说，他人是一面镜子，能帮助我们更好地认识自己，如何正确使用镜子而不被镜子控制，主动权在我们手中。

生命知识窗：不同类型消极评价的应对 ⋙

消极评价可以分为以下四种类型。

有效评价：包含了足够信息，能够恰当地表明个体确实存在的不足，如"你今天的作业有些潦草""你刚才的言行不太礼貌"。

无效评价：个体的行为表现并不像评判者宣称的那样有许多不足之处，评判者并没有完全理解个体的行为。如"你怎么回事？""你为什么会这样？"

评判式评价：他人给出了负面反馈，但没有给出足够的信息用以判断其究竟有效还是无效。如"你太不负责任了"或"你太自私了"。

恶意评价：评价者只是在恶言相向，如"你脑子有病"。

面对有效评价应虚心接受，积极改正；面对无效评价可以给出解释，避免进一步的误解；面对评判式评价要先追问具体信息，再对评价的有效性进行综合判断；面对恶意评价则不必理会，以免受其影响。

接纳自我：如我所是，爱独特的自己

一、为何要接纳自我

绘本《失落的一角》讲了这样的一个故事：

一个圆缺失了一角，很不快乐。他唱着歌去寻找："我要去找失落的一角，去找我那失落的一角。"因为缺了一角，他滚得很慢，会停下来跟小虫说话，闻闻花香，超甲虫的车，或让甲虫超他的车，有时还有蝴蝶落在头上。他遇到过很多角，有的太大，有的又太小。终于有一天，他遇到了非常合适的一角，一起组成了完整的圆。因为不再缺少什么，他越滚越快，快得不能跟小虫说话，也不能闻花香，快得蝴蝶不能落脚，而且他再也不能唱歌了，当他开口，却只能发出"呜呜呜"的声音。他停了下来，轻轻把那一角放下，从容地走开。他边走边唱："喔，我要去找失落的一角，啊哈，上路啦。"

这个故事，被认为是一则关于缺憾与满足的寓言。表面上的完美，也许是以幸福的丧失为代价；看起来的缺憾，也许恰恰是幸福的源头。这正是人生的真实写照：世上本不存在完美的人和事，有缺憾才是生命的常态。

有些缺憾与生理因素有关，比如身体缺陷，或是长相平凡；有些与家庭背景有关，比如出身贫寒，或是家中纷争不断；有些与自身特点有关，比如性格内向，或是各项能力一般；有些与过往经历有关，比如曾经流离失所，或是屡遭重挫。

为什么这些事情偏偏发生在我身上？为什么别人拥有的我就得不到？陷入在缺憾带来的消极情绪中，我们会觉得自己不如别人，感受不到未来的希望。当我们将某一方面的不足放大到整个生活中，生命中所有关于"美好""积极""自信"的力量都会消失不见。遗憾的事情发生了就是发生了，缺点在我们身上存在着就是存在着，当它无法改变或者很难改变时，一味地纠结、抱怨、耿耿于怀，不仅于事无补，还可能陷入恶性循环。

每个人都是独一无二的，每一种缺憾都是我们自身的一部分。接受自己本来的样子，才能放下包袱，轻松前行。

二、什么是接纳自我

所谓接纳自我，就是接受自己的全部，既接受优点，也接受缺点；既接受气质、禀性，也接受身材、相貌；既接受现在的一切，也接受过去的一切。有这样一个故事：

臭鼬小姐不喜欢自己，因为她身上总是散发着挥之不去的味道。小猪说，我很喜欢你，每当我跳完泥坑，别人都嫌我脏，只有你愿意陪我玩。鸭子说，我也喜欢你，别人说我太聒噪的时候，你总是耐心地听我说话。

臭鼬小姐明白了，她喜欢小猪是因为一身泥也掩盖不了他的活泼可爱，她喜欢鸭子是因为比起她的热情和真诚，爱说话实在没什么大不了的。她也应该喜欢自己，即使气味不能改变，她也依然是个不可多得的好朋友。

臭鼬小姐的故事告诉我们，接纳自己不是掩盖缺点，而是不将缺点等同于自己，承认自己有不够好的地方，但有这些不够好部分的自己仍然是一个很好的人，相信自己作为人而存在的价值，不完美之处虽然存在却瑕不掩瑜，自我的价值远远超过自己的缺点。

接纳自己不是满足现状，不再成长，或者变得固执己见，而是不否定自己，承认现状如此，正视遇到的问题，然后从当下的现实出发，思考该做些什么。

接纳自己不是甘拜下风，而是不过分与他人比较，不过分在意外在评价，不妄自菲薄，也不自怨自艾。就像日本童谣诗人金子美铃在《我和小鸟和铃铛》这首小诗中写的：

我张开双臂，

也不能在天空飞翔，

可会飞的小鸟

也不能像我一样，

在大地上奔跑。

我晃动身体，

也摇不出动听的声音，

可会响的铃铛

也不能像我一样，

会唱好多的歌谣。

铃铛、小鸟，还有我，
我们不一样，我们都很棒。

三、如何接纳自我

首先是认清自己的优势和特质。人们常常容易看到自己的缺点和不足，但很难发自内心地认同自身优势。花一些时间来将它们找出来，比如：

我很有毅力；

我富有爱心；

我的语言表达能力很强；

…………

为了强化对自身优势的信心，可以进一步列出一些证据，包括曾经取得的成就、曾经克服的难关等。比如：

我曾经下决心要减掉一些体重，经过三个月每天风雨无阻的运动，我真的做到了；

为了给灾区做些贡献，我把自己攒了一年的零花钱全部捐出去了；

我不善于在公共场合表达自己，但是老师说，我的文笔很好，善于用文字表达也是语言能力强的表现。

其次是客观对待自己的缺点或不足。有人因为相貌而自卑，然而外貌没有缺点，只有特点，我们注定会因为自己的特别而被人记住。有人身体协调性不好，不妨换种方式来看待自己："尽管我这方面不出众，但在其他方面我还是很在行的，只要我发挥长处就好，所以不要紧。"

要警惕的是内心的自我质疑。很多的自我批评是在潜意识中自动弹出的，它们如此习以为常，以至于我们都注意不到它的存在，比如"我做什么都不行"。试着去捕捉和辨析这些想法："我真的做什么都只有失败吗？我在所有时候都会失败吗？"经过辨析你就会发现，你有过失败的时候，但也有做得不错的时候，也就是说，你只是在有些时候、做有些事情没有成功而已。

也不要害怕暴露缺点，不用担心别人会因为缺点而看不起我们，每个人都有缺点，那些嘲笑我们的人只是暴露了自己的另一个缺点——修养不够——而已。也不用担心暴露缺点会让别人离我们而去，即使有人真的因此离去，那也是在所难免的。缺点是我们的一部分，当你选择接受它，内心的冲突就会减少，反而会激发出一种强烈的自我信赖感：正是因为这些，我才喜欢我自己。

再次是学会宽恕过去。每个人都有过去，每个人的过去都有不堪回首的部分，比如考试的失败、朋友的离开、因为无知而犯下的错误等，回忆这些常让我们感到羞愧和痛苦，试着放下过去、宽恕自己，才能让羞愧消散、让痛苦释然。

向当事人承认错误、请求别人的原谅，或者写一封信给自己，充分表达自己的感受和想法，让更成熟的现在的自己告诉年少的自己，你已经明白了当时的错误，但你愿意原谅那个少年，请他（她）也学会接受自己的不完美，毕竟更重要的是未来怎么做。

最后是按自己的步调做事，不要迁就别人。完形心理学疗法的创始人弗雷德里克·皮尔斯有一段话写得很好：

我为我而活，你为你而活。

我活在这个世界上，不是为了满足你的期待。

你活在这个世界上，也不是为了满足我的期待。

为自己而活，按照自己的步调而活，才不会随意地陷入比较，或者为了自己原本并不在意的事情，强行卷入竞争。即使周围人都开始奔跑，你也不慌不忙地走自己的路，当周围人停下脚步，你也能独自前进。

如何才能找到自己的步调？往大处说，就是思考自己的人生方向，寻找自己的志向所在；往小处说，就是制订自己的学习生活计划，列出自己日常行程的优先级。

接纳自己是一个漫长的过程，需要乐观的心态、巨大的勇气，更需要从日常的点滴做起。一如喜剧大师查理·卓别林在 70 岁时写的诗《当我真正开始爱自己》中说的：

当我真正开始爱自己，我不再渴求不同的人生，我知道发生在我身边的事情，都是对我成长的邀请。

愿你也接受这份来自生命的成长邀请，从今天开始，学会爱如你所是的自己。

超越自我：尽我所能，做更好的自己

　　突破自己的上限，达到之前达不到的水平，就是超越自我。
我们能够在多大程度上超越自我，与我们能够在多大程度上超越
自身的不足、摆脱惯性思维、开发自己的盲区息息相关。

一、超越不足，实现生命价值

　　人群中有各种各样的不足，有些是性格上的弱点，有些是能
力上的劣势，有些是身体上的缺陷，有些是来自环境的限制。不
足虽然令人遗憾，然而生命本就不完美，缺陷纵在，却无损它本
来的价值，我们要做的就是超越不足、实现价值。

当命运的绳索无情地缚住双臂，当别人的目光叹息生命的悲哀，他仍然固执地为梦想插上翅膀，用双脚在琴键上写下：相信自己。那变幻的旋律，正是他努力飞翔的轨迹。

这是 CCTV 感动中国组委会授予荣获"2011 年度感动中国十大人物"之一的无臂钢琴师刘伟的颁奖词。

刘伟本是一个普通的小男孩，儿时的他酷爱足球，梦想着有朝一日成为专业的足球运动员，然而 10 岁那年，却因为一场突如其来的事故，两条手臂被截肢。

失去手臂的生活何其不便，但他没有自暴自弃，开始锻炼以脚代手，照顾自己的饮食起居。与此同时，他开始重新思考自己的人生，12 岁时，他在康复医院的水疗池学会了游泳，两年后在全国残疾人游泳锦标赛上夺得两枚金牌，还赢得了 2008 年北京残奥会选拔赛的入场券。正当他踌躇满志、备战奥运的时候，命运又一次捉弄了他——他患上了过敏性紫癜，必须放弃高强度的训练。

第二次逐梦失败的刘伟依然没有放弃，他开始学习钢琴，凭借着顽强的毅力，克服了用脚弹琴的种种不便，在钢琴演奏领域开创出属于自己的一片天地，不仅在《中国达人秀》的舞台上获得了评委和观众的认可，还登上了维也纳金色大厅的舞台。

人生的意义在于不断超越自我，而不能被不足束缚，被缺陷定义。无论如何，都要选择过一种彰显生命价值的人生。

二、摆脱惯性，焕发生命活力

一根小小的柱子和一截细细的链子，真的拴得住一头千斤重的大象吗？在印度和泰国，这种现象却很常见。驯象人在大象还小的时候，就用一条铁链将它绑在水泥柱或钢柱上，无论小象怎么挣扎都无法挣脱，小象渐渐地习惯了不挣扎，即使长成了大象，可以轻而易举地挣脱链子时，也不再挣脱。如果说最初锁住小象的是链子，那么后来锁住大象的，则是习惯。

人也一样，很多时候，阻止我们成为更好自己的，恰是我们身上的惯性。

这些惯性可能是一些习以为常的生活习惯，比如吃垃圾食品、熬夜、不加限制地玩手机或打游戏、只跟熟悉的人互动、过一成不变的生活、日复一日地拖延等，它们让我们日日停在原处，而想要结识新朋友、利用课余时间健身、学一门新技能、读课外书的愿望，虽然在心中出现了一百次，却依然只是愿望。随着对自己的不满意越来越多，对自我的期待越来越低，生命的活力和热情也日趋黯淡。

有时候，惯性则来自对"常识"和"权威"的过度遵从。在第32届东京夏季奥运会上，一位名叫安娜·基森霍夫的奥地利运动员就打破了这种惯性。

在没有教练、没有队友、没有队医的情况下，安娜独自一人首次参加奥运会女子公路自行车赛，凭一己之力碾压前世界冠军，为奥地利赢得了 125 年来首枚奥运会女子公路自行车项目金牌，有媒体宣称"这是奥运史上最大的冲击之一"。

这项赛事一直有两个业内共识：其一，此类赛事更多靠的是团队协作和战术，单枪匹马极难取胜。其二，不要在比赛的一开始冲出队伍，因为很容易后续体力不足。但是这两个共识安娜一个都没有遵从。

荷兰是目前世界上该赛事成绩最优异的国家，且派出了全国最优秀的团队参赛，期间队员们相互配合，既对内高度协作，也对外高度牵制，安娜却完全按照自己的节奏进行比赛，她从一开始就选择了发起攻势，此后一直遥遥领先，以至于位居第二的赛手（前世界冠军）直到冲线都不知道她的存在，否则结局极有可能被改写，因为后者只落后了 75 秒（相较于 137 公里近 4 个小时的赛程而言，75 秒实在算不上什么）。在赛后的采访中安娜这样说："不要太相信权威。"

惯性让我们待在舒适区，同时也让我们与更好的自己失之交臂。找到自己身上那些导致自我消耗、自我设限的坏习惯，坚决地加以摒弃；找到那些有助于自我提高、自我突破的好习惯，如健康饮食、规律作息、健身、阅读、独立思考等，花时间加以培养，让好习惯帮助我们开启自我成长的良性循环。

三、探寻未知，释放生命潜能

乔哈里窗告诉我们，每个人身上都有自己和他人都不知道的部分，属于尚待开发的原始领地，相对于已知世界，它充满了未知的神秘。

没有人知道自己的潜能有多大，也没人知道通过学习我们可以将未来的自己塑造成什么模样。然而看不见的未必就不存在。

很多时候，我们不是知道了自己的潜能底线在哪里才去开发它，而是尽全力去开发，才会知道自己的潜能到底有多大。必要的时候，为了屏蔽左顾右盼和犹豫恐慌带来的干扰，也可以"蒙上眼睛"，只管闷头去做，只管竭尽全力。不登高山，不知天之高也；不临深溪，不知地之厚也，远方有多远，去过才知道。

除此之外，勇敢尝试、做之前不敢做的事情，追随兴趣、在热爱的领域精耕不辍，紧跟时代、多与周围人交流、多关心社会发展与动向，发现他人与社会对自己的需要与启迪，都是探寻未知、成就更好自我的好办法。

第九课 | 管理情绪：做情绪的主人

能控制好自己情绪的人，比能拿下一座城池的将军更伟大。

——拿破仑

情绪有好坏之分吗？

一、没有不好的情绪

如果将人生比作一段旅途，情绪可谓是我们最忠实的伙伴，无论逆境顺境，始终不离不弃，作为我们生命状态的晴雨表，敏锐地反映着我们内心温度的变化。

情绪家族成员众多，其中"喜、怒、哀、惧"最为基础，虽然它们在家族中的地位不分伯仲，但在很多人心中的位置却大相径庭。

人们更喜欢开心、快乐这些以"喜"为主要基调的"好情绪"，

却将生气、恐惧、紧张、悲伤这些消极情绪视为"坏情绪"，觉得它们只有坏处、没有好处，或有意忽视，或刻意压制，或竭力对抗，虽然这么做常常毫无裨益——避而不见不会让"坏情绪"消失，刻意压制只能让它们淤积于内、随时寻找爆发的出口，与之对抗也只会让它们愈演愈烈，让情况进一步恶化。"消极情绪是没有用的坏情绪"，这种看法其实源自人们的误解，如果消极情绪会说话，它们可能会告诉你：我是个有用的信使。

几千年前，我们的祖先生活在野兽环伺的丛林中，白天出门前，那些对野兽心怀恐惧的人会做出更充足的防范准备；夜晚围坐在篝火旁聊天时，那些紧张戒备的人更不容易被狮子叼走；分配食物时，那些敢于愤怒地反抗不公正待遇的人能更好地捍卫自己应得的份额。正是得益于消极情绪的警示和提醒，人类才能在危险的环境中生存下来。

情绪没有好坏之分，每一种情绪都有它存在的意义，都包含着我们对人生的真实体验，都带着独特的信号：恐惧帮助我们识别风险，愤怒警示我们生活中出现了问题，嫉妒告诉我们真正想要的是什么，焦虑驱动我们付出努力，悲伤则提醒我们为失去的宝贵东西而哀悼……

情绪只是一个信使，却也是一个执着的信使，如果我们把它关在门外，忙起来不理它，它就在你闲暇时敲门；白天不理它，它就在晚上闯入梦境；从意识中驱走它，它就去潜意识里作乱。没有不好的情绪，只有不被尊重的情绪，情绪送来的每一封信，都值得我们用心去读。

二、只有不健康的情绪表达

情绪会给我们信号和提醒，告诉我们当下有一个状况，却无法准确地告诉我们应该怎样恰当处理这一状况。就拿愤怒来说，它可能告诉你："有人闯进了禁区。"得到信号的你是去和对方好好沟通将他请走，还是发出警告将他吓走，抑或点燃"炸药包"与他"同归于尽"，结果是非常不同的。

一句话，情绪本身无好坏，但情绪表达却有。在不恰当的时间、场合，向不恰当的对象，以不恰当的方式和不匹配的程度表达情绪，都是不健康的情绪表达，会带来破坏性的后果。来看一个例子。

小丽发现妈妈没有经过允许查看了自己的手机，非常生气，对妈妈大声嚷嚷："手机里是我的隐私，你凭什么偷看！"妈妈说："我就想看看你用手机在干什么，你至于发这么大脾气吗?！"小丽拍着桌子大吼："我的东西就是不许别人偷看！你这样已经不是一次两次了！"小丽越说越生气，把桌上的东西一股脑全推到了地上，还狠狠地踢了一脚经过身边的猫。

这里，小丽如果能对自己的情绪和情绪表达方式加以区分，就会意识到自己虽然有生气的理由，因为妈妈没有遵循约定而侵犯了自己的隐私，但她的表达方式是不恰当的。这是一种典型的过度表达，即不加克制地宣泄情绪，放任冲动行为的发生，这不仅会加剧矛盾的激化，甚至可能引发不可挽回的后果。

生命知识窗：为什么人容易一时冲动 ▶◀◀

　　冲动是指由外界刺激引起、爆发突然、缺乏理智而带有盲目性、对后果缺乏清醒认识的行为。也就是说，当个体处于冲动的状态时，感情特别强烈，做事鲁莽而不顾后果，紧张性、暂时性、爆发性以及盲目性是它的主要特点。

　　我们之所以会被情绪所影响和控制，主要是因为大脑中存在着情绪双轨制处理模式，负责情绪的大脑比负责思维的大脑，反应速度快得多。这就使得我们在遇到事情时，很容易先产生情绪，同时基于情绪做出反应，思维和理性却慢半拍。也就是"一时冲动，来不及思考"。

　　与过度表达相反的一种情绪表达方式则是不表达，即有意忽视或压制自己的情绪，看起来一切都好，实际上却并非如此。

　　如果将情绪比作一条河，对待它的最好方式当然不是放任不管，任其恣意流淌，但若建起高高的堤岸将它堵住，也只会越积越多、堰塞成湖，有朝一日冲破堤坝，泛滥成灾。一个人的情绪被过度压抑，不但一经爆发杀伤力巨大，还会造成不会与人沟通，无法与人建立亲密的情感连接这样的社交缺陷，从而无法获得必要的心理支持。

　　除此之外，被压抑的情绪还会攻击我们的身体，因为我们所有的情绪都是由身体承载的，如果情绪总是不舒畅，身体就一直处在紧张应对的状态，免疫系统就会受到严重冲击。据统计，目前与情绪有关的疾病已达到 200 多种，在所有患病人群中，70%以上都和情绪有关。也正是在这个意义上，善待情绪就是善待健康，就是珍爱生命。

是什么在影响你的情绪

一、生理状态影响情绪

你是否有过这样的体验，当你处于悠闲和舒服的状态时，情绪会比较好，对于别人无意的冒犯也能够一笑置之；但当你感到饥饿、困乏、身体状态不佳时，就会烦躁不已，很多平时不放在心上的事，此刻却难以忍受，甚至会向无辜的人乱发脾气。

这与我们前文提到的大脑中的情绪双轨制有关。通常情况下，虽然因为负责情绪的大脑路径更短，情绪的产生通常早半拍，但前额皮层总会在意识到情绪的到来之后快速跟进，及时进行理性分析、准确评估和合理预测，进而生成恰当的情绪表达。

但当我们身体状态不佳或者处于忙乱之中时，前额皮层可以调用的认知资源就会减少，从而降低了分析、评估和预测的准确性，使得我们更容易体验到消极情绪的冲击，变得更加敏感和脆弱。就好比一辆车虽然引擎强劲，但只要刹车性能良好，车辆就不容易失控，一旦刹车松动，车辆就会陷入麻烦。

除此之外，神经系统分泌的激素水平也会极大地影响我们的情绪，其中，多巴胺、血清素和内啡肽被称为三种最主要的快乐激素。

生命知识窗：三种快乐激素 ▶◀

多巴胺传递兴奋和开心的信息，当人体缺少多巴胺，兴奋就会被抑制。参与新鲜、刺激和具有挑战性的事情有助于刺激多巴胺的分泌，而太多的脂肪会阻碍多巴胺的分泌，这也是为什么身材较胖的人更容易缺少多巴胺的原因。

血清素能帮助我们放松心情、缓解焦虑，血清素缺乏则会使人焦虑、抑郁、易怒。人体通常利用食物中的色氨酸来合成血清素，蛋白质含量较高的食物如大豆、鸡蛋和鸡肉中都含有不少色氨酸。

内啡肽让人产生欣快感，带来轻松愉悦的心理状态，因此也被称为"年轻荷尔蒙"，意思是它帮助保持年轻快乐的状态。运动是最容易促进内啡肽分泌的活动，在英文中有一个词叫 runner's high，即"跑步者的愉悦感"，是指当运动量超过某一阶段时，肌肉内的糖原被用尽，只剩下氧气，体内便会分泌内啡肽。

二、态度和认知影响情绪

你有没有听过这样的抱怨：都是因为他，我才这么生气；要不是遇到这样的事情，我不至于如此消沉……听起来，似乎外在的人、事应该对我们的情绪负责。真的是这样吗？来看一个例子。

有一天，一个年轻人在公园的长凳上闭目休息，身边放着他刚刚买来的帽子，这时候另一个人走过来，坐在椅子上，把新帽子压坏了。年轻人非常气愤，心想你眼睛长到哪里去了，怎么可以随便损坏别人的东西呢！正要发作，忽然发现那是一个盲人，哦，原来他看不见，肯定不知道长凳上放有东西，年轻人不仅不生气，还有些同情他了。

同样的一件事情——新帽子被压坏了，但是年轻人前后的情绪反应却截然不同，其间只有一样东西发生了变化，那就是他对事情的看法。

很多时候，引发情绪的不是事情本身，而是人们对事情的看法，这就是著名的情绪 ABC 理论的核心观点。其中 A 表示诱发事件，B 则是个体的想法、解释和评价，C 表示情绪反应。同样的 A，遇到不同的 B，就会产生不同的 C。

很多时候，人们之所以产生不良情绪，就是想法出了问题，心理学家将人们心中一些根深蒂固的不合理想法称为不合理信念。

除不合理信念外，消极情绪的产生也与我们不合理的心理需要、不恰当的内在期待，以及对自我的不准确认识有关。说到底，情绪其实是我们自己的事，我们要做自己情绪的主人，对自己的情绪状态负责。

生命知识窗：不合理信念 ▷◁▷

典型的不合理信念有三个特征：绝对化要求、过度概括化以及糟糕至极。

绝对化要求是指以自己的意愿为出发点，认为某件事情必定会发生或者必定不会发生，比如，"我必须获得成功""我应该被所有人喜欢""我必须比所有人出色"等，这样的信念极易让人陷入情绪困扰，因为事物发生发展有其规律，并不以个人意志为转移。

过度概括化是一种以偏概全的思维方式，比如一旦自己某些方面不够好就认为自己"一无是处"，从而导致自我否定和焦虑、抑郁；一旦别人做得不到位就认为别人对自己不公平，从而导致求全责备甚至产生敌意。

糟糕至极则是认为一旦不好的事情发生了，就会非常可怕，甚至出现灾难性的后果，这导致个体陷入极端的不良情绪如焦虑、恐惧、羞耻中难以自拔。

三、既有的情绪习惯影响情绪

在成长过程中，为了适应外在环境，每个人都会逐渐形成一套相对稳定的反应方式和行为习惯，情绪反应习惯即是其中的一种。比方说有些人一遭到批评就炸锅，有些人一见到比自已优秀的人就心怀敌意，有些人特别情绪化，喜怒哀乐随时切换。

从某种意义上说，我们当下所感受到的情绪，并不一定与眼下发生的事情有关，反而可能是既有情绪习惯的投影。当情绪反应成为习惯，大脑中就会形成快捷的反应路径，一旦熟悉的情境出现，老戏就自动上演。

对某些人来说，情绪习惯不仅在某些情境中启动，更是将他全部的生活都笼罩在习惯的阴影里。

一个习惯了忧伤和孤独情绪的人，会习惯性地把自己的生活变成忧伤和寂寞的模样，即使他拥有很多种选择，经历过很多愉悦而甜蜜的时光，他也会自动过滤掉那些闪光的回忆，重复性地关注忧伤的人、忧伤的事，沉浸在忧伤的情绪中，从而为自己创造出一幅忧伤的生命图景。

管理情绪，拥抱幸福

一、照顾好我们的情绪

人生没有新鲜事，不管你在什么地方生活，做什么样的事情，最终目的都是为了获得幸福。而幸福的获得，不仅取决于你能否得到想要的部分，还取决于你如何与不想要的部分和平共处，这就注定了追求幸福的路，也必然是一条有各种情绪相伴随的路。

在这条路上，我们首先要做的，就是照顾好自己的情绪，因为它无所不在，且充满能量，既可以成就我们、推动我们实现更好的生活，也可能羁绊我们、阻碍我们享受完整的人生。

照顾好情绪意味着首先要改善消极情绪。消极情绪固然具有适应生存的重要功能，为我们提供了警示风险的信号，但也正是因此，它带着强烈的限制性和防御性。

如果一个人总是生活在备受限制、处处防御的情绪状态中，那是对生命力的浪费。因为我们在愤怒中无法思考，在逃避中无法发展，在恐惧中无法创造，在焦虑中无法快乐，更为可怕的是，长时间笼罩在消极情绪中还会消耗生命活力、带来健康风险。

照顾好情绪也意味着要发展积极情绪，不只因为我们喜欢愉快的感觉，也不只因为感觉良好意味着一切大体顺利，危险和麻烦暂时离我们很远，还因为积极情绪能够点燃我们，激励我们成为更好的自己；积极情绪可以扩展我们，让我们敞开心胸，拥抱更多新鲜的观点和信息，看到更多的可能性；积极情绪可以联结我们，让人们彼此信任、彼此关心，共筑一个其乐融融的世界。

然而，尽管如此重要，生活中我们体验到的积极情绪却未必充足。这源于人类的本性——与积极信息相比，我们的大脑更善于发现问题、关注负面信息，心理学把它称作"负面偏好"，这是人类在漫长的演化过程中，出于生存的需要而逐渐形成的。这就导致良好的感觉总是转瞬即逝，而消极情绪却常常挥之不去。

照顾好我们的情绪还意味着当消极情绪出现后，我们能以恰当的方式去表达和处理，弱化它带来的伤害，同时为自己创造尽可能多的快乐、积极体验。根据积极心理学的研究提示，总体而言，当我们的积极情绪与消极情绪达到 3:1 的比值——也就是说，每当我们承受一次消极体验的造访，就以三次积极体验来自我安抚，我们会获得一种被称为"幸福"的美好体验。

二、改善消极情绪

人皆有憾，古人云"天下不如意，恒十居七八"，既然十件事中常有七八件都不尽如人意，消极情绪的产生也就不可避免了。我们无法阻止消极情绪的出现，却可以在消极情绪的恶性循环上及时刹车，并恢复过来。当消极情绪来袭时，可以做如下的尝试：

第一步：停下。感受到消极情绪的时候，首先按下暂停键，确认情绪的存在，问一问自己，我是在紧张吗？是在生气吗？是在嫉妒吗？正视它，允许它在我们生活中短暂停留。

情绪本身没有好坏，有消极情绪并不意味着我们是不够好的人，不必为它的出现而感到羞耻，只有接受它的存在，才能停下与它的对抗。如果正在和人争吵，停下意味着停止正面冲突，不再与人对抗。

第二步：冷静。如果是强烈的冲动性情绪，最好能离开现场，找一个安静的地方深呼吸，降低肾上腺素在体内的流动速度，连续进行 8 ～ 10 次深呼吸之后，看看自己的情绪是否平息，如果仍然激动，就继续深呼吸，直到完全平静。

如果无法离开现场，就闭上眼睛或盯住其他物体，将注意力转回到自己本身。也可以在心中默念数字，从 1 数到 100，等待情绪的自然冷却。这时候要谨防"虽然停下了但一直在想，越想越气"的情况发生。

有一个小孩家的窗外有一个很大的天台，有一天他在天台玩，飞来了几只鸽子，他拿来小米喂鸽子。打那以后鸽子每天都飞到天台来吃小米，小孩感到不胜其烦，他问奶奶怎么办，奶奶说很简单啊，停止喂鸽子就好了。

鸽子就像你心中的消极情绪，当它来临时，可以接受它的到来，允许它停留一会儿，但不一定要花费时间和精力去喂养它，停止喂养的办法就是转移注意力，不再想它。

第三步：对话。每一种情绪都是信使，它有话要对我们说。在冷静下来之后,尝试和消极情绪对话,看看它究竟带来了怎样的讯息。

"发生了什么让你来到我的身边?""你在提醒我什么?""别人真的是想冒犯我吗?""事情真的必须按照我的意愿进行,否则就是错误的吗?""别人的优秀真的对我产生了威胁,意味着我一无是处吗?"

很多时候,因为太想保护我们不受伤害,我们的情绪一遍一遍地上演"狼来了"的游戏,有一点风吹草动就警铃大作,背后其实是我们的不合理信念在作怪。通过对话与反思,反驳和纠正这些不合理信念,才是解决情绪困扰的根本之道。

第四步:应对。寻找解决当下问题的有效办法。经过以上的冷静和分析,你也许发现问题主要出在自己这里,那就问一问自己怎么做才是最好的解决之道;如果别人也有责任,那你需要做些什么才能增进对方与你合作解决问题的意愿。

如果你没有答案,不妨去寻求帮助,你可以向一位实际存在的你所信赖的人求助,也可以闭上眼睛,想象一位"世上最睿智的人",当他遇到此情此景,又会如何应对。

最后,对于某些情绪,比如犯错的愧疚、失去的悲伤,如果短时间内无论做什么都无济于事,那就任由它与我们相伴一段时间吧,时间是最好的良药,不必着急,也不要悲观,当我们停止对抗,允许它完成自己独特的使命,在它离开的时候,也就是我们成长的时候。

三、发展积极情绪

幸福的生活不仅是烦恼很少，还需要快乐很多，因此，在转化消极情绪外，我们更要发展积极情绪。

积极心理学领军人物芭芭拉·弗雷德里克森在其著作《积极情绪的力量》中说："追求幸福的方式应该是：每天都追求积极情绪，无论身在何处。每时每刻，把日常生活中的积极情绪累积起来，由此建构起我们所追求的生活。"我们可以从以下几个方面来发展积极情绪。

第一，照顾好身体。具体来说就是确保健康饮食、经常锻炼和充足睡眠，虽然听起来毫无新意，但是无可替代。良好的身体状态能确保我们的心跳、呼吸、血压、体温、身体激素和新陈代谢在一个恰当的水平，这是我们感觉良好的身体起点。

第二，改变认知。具体来说，就是以灵活、松弛的理性信念取代僵化、刻板的非理性信念。如前所述，很多消极情绪都是源自我们心中的非理性信念，观察自己常见的情绪反应，分析背后的不合理信念是什么，将它们改变成积极、合理的。

第三，提升"钝感力"。"钝感力"即"迟钝的力量"，它并不是真的迟钝，而是有意义的迟钝。一方面，在与人相处的过程中降低情绪敏感性，不轻易因为外界的影响而滋生消极情绪；另一方面，对困境有一定的忍耐力，不轻易被生活中的挫折和伤痛打倒。

不要太在意别人的评价；遇到事情就事论事分析；有意识提醒自己不要想得太多；事情发生时提醒自己"慢半拍"，给自己一个缓冲时间，用理性而不是下意识的情绪性回应去解决问题；坚持从积极的角度看问题；永远对未来充满希望……以上都是提升"钝感力"的有用技巧。

第四，培养积极的情绪习惯。前文提到过，情绪表达习惯对人有深远的影响，发展积极情绪的一种办法就是建立积极的情绪习惯。

比如主动表达，而不是让人猜测自己的情绪。当你怀着"朋友或父母应该能发觉我的情绪变化"的期待时，得到的往往是失望，因为情绪是一种相对隐秘的主观体验，你不说，别人很难猜到你的真实感受。

比如以礼待人，提醒自己尽量少地口出恶言、挑剔刻薄、好为人师，尽量多地仔细聆听、表达赞扬、表示感谢。

再比如记录感恩日记、定期问候远方的亲人、朋友等。

第五，培养兴趣，增加"心流"体验。心理学家指出，世界上最优良的体验莫过于"心流"体验，它是指全情投入一件事中的状态。在"心流"发生时，人会心无旁骛、全神贯注，甚至忘记了自己的存在，忘记了时间的流逝，在这个过程中，获得很大的满足感。

"心流"体验更多发生在需要一定技能、用心投入的活动中，比如下棋、读书、运动等，而那些纯粹放任的、不需要消耗专注力、没有技巧要求的活动，如玩手机、看电视、闲聊则很难带来类似体验。

一句话，发展一个真心喜欢的兴趣，会带给你高质量的快乐。

第十课 | 学会交往：将心比心，和谐相处

一个人究竟是拥有良好的人际关系网络还是孤身一人，会强烈地影响这个人的幸福感程度，其影响力远远超过任何其他因素。

——戴维·布鲁克斯《社会动物》

人际滋养：生命需要联结

　　哈佛大学开展了一项著名的幸福追踪研究，在 75 年间（至今仍在继续）跟踪了不同社会经济地位的 724 位男性的生活，从青少年一直追踪到离世，尝试解开幸福的密码。研究者全面追踪了参与者的家庭、工作成就、健康状况等，发现拥有健康、满意的人际关系会让人更幸福、更长寿，而且好的人际关系不仅保护身体还保护大脑。可以说，人际关系是幸福的通行证，也是生命必备的滋养品。

　　从进化角度来看，原始人类为了在残酷的大自然竞争中存活下来，需要成群结队地生活，只有群居生活在一起，遇到猛兽攻

击、自然灾害时才能有办法化险为夷，因而人类群居的习性也就形成了。除此之外，只有人类幼儿需要成年人极长时间的看顾才能在世界上存活下去，这也就促使人类之间形成了更为紧密的联结。后来，人类开始有了社会制度，主动或被动地成了某种社会角色，人类不可避免地开始了花式抱团的生活：出于角色身份的要求、受到共同利益的驱动、源自同样的自我价值感或受限于同一片土地……找到了可归属的团体，就可以减少社会生活的不安全感，也更有机会和资源去成为更好的自己。可以说，良好稳定的人际关系是保证人类存活、延续与发展的必要条件之一。

从个体发展的角度来看，当我们还是婴儿的时候，我们与妈妈（或主要照料者）之间的依恋关系，是我们第一段也是最重要的一段人际关系。在我们出生后，妈妈（或主要照料者）会对我们还无法清晰表达出的各种需求进行回应，我们会在被满足的过程中体验人际的互动，同时也借由最初的依恋关系不断拓展对自己与世界的认知，而且这段依恋关系还会成为未来人际关系的模板。简单来说，亲子依恋关系以及未来发展出的多样人际关系，不仅可以打开自我认知的大门，让我们在与他人的互动中了解自己，还可以帮助我们获得两个拥有幸福人生的能力：一个是与自己相处的能力，即恰当的自我调节（情绪、行为等）；另一个是与他人相处的能力，学习建立和谐的人际关系，促进个人健康发展。

所以说，与他人和谐相处、建立稳定而高质量的人际关系对每个人的发展来说都至关重要，这也是发展生命、繁荣生命的重要内容。

　　在生命发展的过程中，不同类型的人际关系的重要性有所变化。在青春期以前，亲子关系是你最重要的关系，你崇拜并依赖自己的父母，愿意花时间和精力与父母相处，并且会主动要求父母的关心与陪伴。随着生理的不断发展，进入青春期的你开始产生强烈的成人感，需要更多的自主性与掌控感，于是你开始探索自己是什么样的人。在这个过程中，你越来越看重同伴的影响，甚至超越对家庭成员的重视，你在乎他们对你的评价，也关心是不是能够融入他们。发现了吗？人际关系的重心随着青春期的到来，逐渐从家庭中的亲子关系转变为同伴关系。这种转变带来的好处是，你更多的独立思考得以确立起你与别人的边界，扩大的社交圈让你有机会获得更多的发展资源，你能够在合作与竞争中充分发挥自己的潜能从而实现自我的追求……而且，随着年龄的增长与心理的发展，不同的关系不再发生竞争，而是越来越平衡协调地为个人发展所服务：促进身心健康，实现人生繁荣。

处处棘手：青少年的人际烦恼

　　你可能也发现，从青春期开始自己越来越重视人际关系，但是困难也渐渐出现：不知如何与父母保持融洽的关系，也不知该如何与同学建立稳定的交往。这其实与青少年面临的重要发展任务相关。青少年非常关心自己是怎样的人，可以说，探寻自己是青少年最重要的发展任务。正因如此，对自我权威的过度关注、对师长的盲目反抗，产生了青少年以自我为中心的特点，容易造成人际交往的困难。其中一个表现是青少年容易误以为自己是所有人关注的焦点，就如自己站在舞台中央，一举一动都被密切关注。对于性格敏感自卑的人而言，这种假想的被关注会让他更加小心翼翼和退缩回避，更难拥有好的人际关系；对于那些并不敏感自卑的青少年而言，这种自我加持的"主角光环"会让他显得盛气凌人，从而拉开与同龄人的距离。

青少年期的以自我为中心还表现在夸大的独特感，认为自己是独一无二的，那些适用于他人的社会规则和自然法则不适用于自己，同时也认为自己的经历和感受等都是与众不同的，比如"没有人比我更懂友谊破裂的痛苦""我比其他人都更了解某个现象或事情"等，这种自我夸大最容易导致人际冲突。在亲子之间，父母会出于教育的责任去教导孩子，这种教导会直接威胁到青少年的自我独特性，因而这一时期的家长最容易被孩子拒绝，也对自己的权威最没有信心，一来二去之间，亲子的冲突和争吵就发生了。在同伴群体中，夸大自己的特殊性无疑是对别人同样被夸大的独特性的直接宣战，最后的结果只能是两败俱伤。

你应该已经发现，过度以自我为中心意味着对他人的忽视和冷待，这自然会阻碍高质量人际关系的建立。那么青少年如何才能拥有好的人际关系呢？

相处之道：既亲密又独立

关系是我们的基本心理需要之一，每个人都不是一座孤岛。在《沟通的艺术》这本书中写道："人类具有想要与人相处的需求。W. 卡尔·杰克逊（W. Carl Jackson），一位独自航行 55 天、横越大西洋的探险家，概述了大部分独居者的普遍心情：我发现在第二个月出现的寂寞感使我感到很痛苦。我一直以为自己是个自给自足的人，但是此刻我终于明白，没有旁人做伴的生活是没有意义的。我开始有了强烈的想要跟别人——一个真实的、鲜活的、有气息的人类说话的需求。"事实是，我们不仅需要与别人交流想法、感受，更重要的是借由这些形式与他人建立情感联结，既亲密依赖又自由独立，在稳定而美好的关系中体验幸福。

一、共情他人

共情是理解他人特有的经历并相应地做出回应的能力，简言之就是将心比心。《共情的力量》一书的作者这么写道："相比于其他的任何能力，共情能力才是建立人与人之间互爱关系的关键，也能消除正在影响我们很多人生活的孤独、恐惧、焦虑和绝望。""在共情的引领下，我们能扩展自己的边界，到未探索的空间，去建立更深入、更真诚的关系。通过自我扩展，我们能赋予我们的内在生命以活跃的能量和意义感。通过理解他人，我们能体验到生命中最具意义的体验——感恩、谦逊、宽容、宽恕、仁慈和爱。"

人际是彼此之间连接、互动的过程，如果只关注自己的需要和感受，坚持自己的判断与想法，并且要求对方满足自己，可想而知，这段关系会很快走向结束。真正能够滋养彼此的关系充满着共情，让每个人在其中都能够感到被爱、被关心、被理解，并相信这段关系在其生活中是有价值和意义的。爱是深深地理解与接纳，回想一段你特别珍视的关系，是否正是如此。

如何使共情服务于建立高质量的关系呢？

1. 充分的好奇

使用开放式的问题与对方进行沟通，创造出更大的空间让对方表达和展示自己，无论是一同分担痛苦，还是分享喜悦，只有在充分的好奇驱动下，你才有可能获得丰富的信息，准确地了解对方的感受和期待，并带着这份理解做出服务于对方的行动。

2. 耐心地倾听

关系越是紧密、亲近，就有越多深层次的自我暴露。你与朋友谈心的某个时刻，你是不是需要一点时间才能更放松地表达自己的想法与感受？换位思考，现在你是倾听者，就应该给予足够的耐心去了解整个事情的全部，而不是着急地做出判断和给出建议，否则，对方从你的回应中所接收到的信息是：你不要再说了，我不关心。

耐心地倾听是困难的，因为这需要集中全部的注意力，还需要你放下自己的偏好与判断，将自己"交付"于对方，直到他（她）

把整个图像全部描绘出来。除此之外，还要求你细细聆听"言外之意"，只有保持足够的耐心才有可能听出对方的弦外之音，做出恰当而准确的回应。

3. 真诚地接纳

接纳是对那些与你本身价值观所不一致的观点、感受与行为的包容与尊重。接纳不是接受，而是承认多样性的存在，且不试图改变这些不一致。对于同样一件事情，你与你的好朋友或者你的家人有不同的看法和评价，你通常是接受这种差异性，还是试图使一方改变从而达成一致呢？好的关系并不是要求双方事事一致，而是需要双方都能够在出现差异时通过共情接纳对方，为彼此之间留出宽松的空间。

接纳还包括关注此时此刻的沟通，不轻易用过去的经验做出评判。当你的好朋友总是因为类似的事情找你哭诉，或者你总是因为一件事对你的父母提出不满时，你会不会做出"我就知道你会这样"或者"你总是这样，我还能说什么呢"类似的评判。想一想，这样的评判意味着什么？当你听到这样的评判时会是什么心情？也许你有情绪，但如果想要帮助对方解决问题或者尽可能发生你所期待的改变，最好的办法是探讨当下的情况，而不是通过翻旧账阻止更进一步的沟通，也不是拒绝相信对方可以做出努力和改变。

可见，共情要求你理解他人的全部，而不是选择部分去理解；共情是你带着充分的好奇去了解对方，而不是带着固执的偏见去评判。真正能打动人的是：共情能够恰到好处地体现在行动之中，如潺潺泉水流向对方，浸润彼此的心田。

二、建立边界

与别人相知相融是重要的，同样重要的是，我们知道每个人都是彼此独立、各不相同的，而这种区别感就是人与人之间的边界。就如国与国之间有国界进行区分，领土神圣不可侵犯，人与人之间也需要边界，每个人的身体和心理边界也是不可打破的。正是边界感的存在，让我们能够在紧密的关系中，既与别人保持亲密、彼此信赖，又能保持自己的独特性和自主性，同时还能尊重他人独特的愿望、需求、行动。就如纪伯伦的诗句所写："一起欢歌曼舞，但要保持各自的独立；鲁特琴的琴弦彼此分开，即使它们为同一首乐曲震颤。"

需要帮助时，亲人与朋友是你求助的对象。想一下，当你求助时，你希望听到的是中肯的建议，还是不得违抗的要求？建议代表着边界感良好的互动关系，每个人都能自在地成为自己，不必因为对方的不听从而耿耿于怀，也不必为了讨好对方而不得不顺从。要求则意味着边界感被打破，一方会因对方的不顺从而沮丧失落，另一方会苦苦纠结是该满足对方还是坚持自己。如果边界感不断地被挑战，无论是关系中的哪一方都会感到痛苦，逃离这段关系就是最后能用来保护自己边界的办法，这也意味着，关系即将终结。

确立边界感的核心是清晰地知道在一定范围内"谁的事情谁做主"，不要试图跨越边界去替他人做决定，也不要试图去改变或控制他人，这也提醒你，当你的个人边界被挑战或打破时，你可以勇敢地说"不"。不过，对于你而言，边界的确立更加困难是因为未成年人的很多事情需要在监护人的监管下进行，这对你是有好处的，但你不应当以此为借口来逃避承担责任，也不应当以边界来拒绝父母的所有好意。比如，今天上学穿什么鞋子是你完全可以自己决定的，而是否要休学或转学则是需要家庭商议决定的。

三、管理冲突

你害怕人际互动过程中的冲突吗？几乎所有的关系都会出现冲突，可以说，冲突是人际关系的基本属性。当然，这里所讲的冲突并不仅是如争吵、斗争一般的激烈形式，也包括彼此不满意、不一致等更加隐蔽的形式。如果你愿意花一点时间去回顾你的人际关系，应该也能想到不止一次的冲突。

冲突并非完全是对关系的破坏，而是蕴藏着加深联结的价值。当关系中出现步调不一致、冲突或者危机时，我们通过解决问题与修复关系的互动过程，对关系产生更强烈的信心：相信问题是可以通过好的方法得以解决，并且在解决问题的过程中能够增进双方的了解与共情。成功解决的过程会让我们更加笃定：在好的关系中也许会有暂时的阴霾，但终会"雨过天晴"。

冲突能够发挥最大价值的关键在于建设性地处理冲突。罗纳德与拉塞尔两位人际沟通领域的专家共同归纳提出了五种常见的冲突处理方式，以"关切自己"与"关切对方"两个维度的不同组合进行划分，具体如下：

五种常见的冲突处理方式

我们通常容易认为双赢的合作模式更好，但是在实际解决冲突的过程中其他方式也有可取之处，或许在某些情境下能更好地帮助解决问题。所以说，建设性地应对冲突并非是刻板地使用一种策略来应对所有情况，而是根据实际情形灵活选择方式，因势利导，达到解决冲突的目的。

总体而言，要想有长期的积极收益，合作是最好的解决冲突的办法，但是合作的过程并非一蹴而就，在合作开始前或者合作过程中，解决现下的一些冲突就需要灵活选择其他的方式和策略，从而促进合作的高效达成。

第十一课 │ 学会学习：科学用脑，终身学习

　　每个人的一生都是一个终身发展的过程。人的生存是一个无止境的完善过程和学习过程。事实上，一个人必须从环境中不断地学习那些自然和本能没有赋予他的生存技术。为了求生存和求发展，他必须终身学习。正是在这个意义上，终身学习的过程实际上也是社会成员不断发展、不断完善的自我实现的过程。

——皮尔松　普森《一生的护照》

头脑"风暴"：学习时，大脑在发生什么？

提到学习，你想到了什么？字字句句地朗读背诵、复杂严密的逻辑运算、实验室里的奇妙变化、以小见大的生活智慧……

学习不只发生在课堂之上，在生活中也随处发生。学习是大脑的功能体现，神经元细胞是大脑处理信息的基本结构，由细胞体、树突和轴突组成。树突负责接收来自其他神经元的信息，轴突则负责将信息传递出去。神经元的树突接收到特定刺激后，就会激活细胞体，并通过轴突将信息传递给其他神经元细胞，于是信息得到有效加工，激活或抑制相应的认知过程或身体反应。不过，神经元与神经元之间并非是像锁链一样紧紧联结在一起，而是存在一个狭小的空隙，在这个间隙之间发生着"电光石火"般的电化学反应，使得两个神经元产生链接。

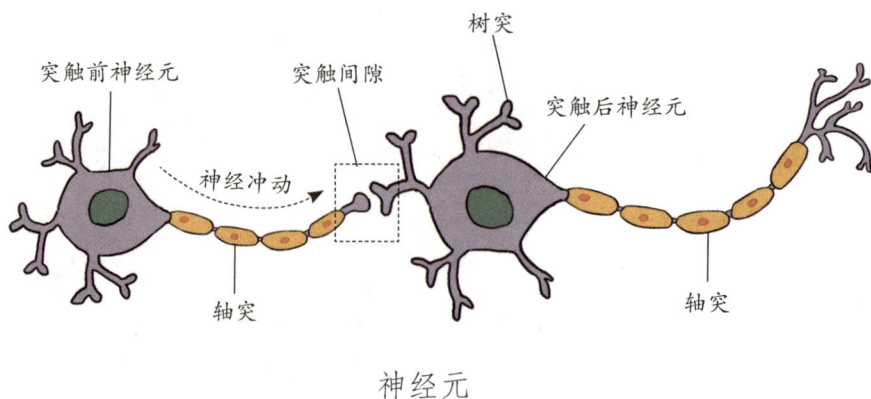

神经元

在大脑中，神经元之间不断发生着信息交流，学习能够使神经细胞之间的联系强度发生变化，新的信息刺激被接受，那些原本毫不相关的神经元之间建立了链接，从而形成新的认知通路，知识被记忆、理解，同时还能够与原有知识进行联结。当成群的神经元同时活跃起来，神经元之间的链接会得到增强，当它们同时放电的次数越多，链接就会越强，信号传递也会越强、越高效。在遇到新的问题时，大脑就可以同时激活更多的神经元来应对问题，从而能够表现得更加高效准确。

可以说，学习让大脑的各个部分在问题解决中变得更加协作、高效与准确，而不仅仅是信息的获取与记忆。

生命知识窗：没有记忆，何谈学习？ ▸◂

记忆是外界刺激在大脑中留下的痕迹，这些痕迹或深或浅，保留时间或长或短。记忆有不同类型，大致分为感觉记忆、短时记忆、长时记忆。感觉记忆也叫瞬时记忆，是指刺激作用于感觉器官所引起的短暂记忆，持续时间在1秒钟以内，信息量巨大但是也容易被忘却。感觉记忆中被注意到的那部分信息会延长存储时间，维持几秒到几分钟之间，称作短时记忆。如果短时记忆的信息被加工、强化，就会存储到长时记忆中，得以长时间保留，但如果不被强化（重复或加工），长时记忆的信息也会逐渐被遗忘。三个记忆系统对于个体发展都具有重要影响，对于学习也具有不同的意义：感觉记忆是信息接收，短时记忆进行信息选择，长时记忆则是信息存储。

此外，大脑在有意识地处理信息时也会产生记忆，被称为工作记忆，存储时间较短，容量有限。比如，在进行心算时，按照运算规律计算结果就是工作记忆在发挥作用。工作记忆不仅能够调用长时记忆中的知识来解决问题如心算，也能够将短时记忆转换为长时记忆，这是因为工作记忆提供了新旧知识产生联系的机会，从而产生新的神经突触，建立更广泛的神经元之间的联系，这就是记忆加工的过程，也是学习的过程。

学习之道：学习是门"技术活"

在武侠小说中，每一个厉害的江湖人物都有自己高深的武功，但是想要真正练就独步江湖的武功仅仅依靠武功秘籍和勤学苦练并不足够，还需要深厚的内力。在学习领域，学习力就是深厚的内力，它能够依循大脑认知特点，帮助理解、运用各种知识，融会贯通。可以说，学会如何学习比学习本身更为重要。

一、集中式学习和间隔式学习

知识被存储到长时记忆需要花点时间。回想一下，在学习知识的时候，你是倾向于花费很长时间集中精力学习、练习一个事情然后放下不管，还是先进行学习、记忆，之后在学习新知识的过程中再安排对旧知识巩固和练习？

前者被称作集中式学习，后者则是间隔式学习。

间隔式学习有助于推进长时记忆的形成，知识掌握与运用效果好于集中式学习。已有研究证明，要是想把某件事或某个知识牢牢钉进记忆里，一晚上重复几十次倒不如每天重复几次、多坚持几天，之后可以中断几天，然后再进行复习，采用间隔性重复的技巧延长整个记忆的过程，对知识的记忆和掌握效果就会更好。这是因为，不断地充分阅读，或者边阅读边进行划线、标注等"辅助记忆"，会产生即时的效果，从而造成一种"我已经学会了"的假象。根据艾宾浩斯遗忘规律，记忆的维持需要不断地重复，如果一旦觉得自己学会就不再间隔性重复，记忆印痕就可能会被掩盖。

如果把长时记忆比作一个大型记忆图书馆，我们存进去的知识，虽然会待在那儿，但是如果不时常翻找一下，就会在需要的时候难以提取。因此，要想将知识牢固记忆并充分掌握，就需要安排间隔复习的时间，时不时翻看一下笔记，或者在睡前进行知识回顾。

二、机械记忆和策略识记

学习与记忆形影不离，只有让知识在大脑留下深刻印记且能被灵活、准确地调用，知识的运用才能成为可能。美国记忆冠军尼尔森总结了他的记忆训练法，可以帮助我们有效提高记忆效率与准确率。

1. 专注其中

还记得刚学过的记忆类型吗？大脑无法记住所有接收到的信息，只有那些"被注意到"的信息才可能会被记住，储存进长时记忆。所以，在记忆知识或事情之前，不妨给自己一个启动仪式——告诉自己要集中注意力，马上开始进行记忆了。通过强化对注意力的掌控，保持对重要事物或知识的专注，记忆就会更加高效。

2. 刻意练习

尼尔森说："要想擅长做某件事情，你就必须不断练习。这一点适用于世界上的任何事情。"所以，你会刻意训练自己的记忆力吗？

可以通过训练自己主动识记无意义的知识来提高记忆力，比如记住一串不相干的数字或今天路上看到的 10 条广告，就像是锻炼肌肉一样，要进行有意识的训练。重要的是，这个过程能够让你逐渐发现一些有用的记忆方法，从而迁移到学习中。

3. 借助图像

大脑记忆图像远比记忆抽象文字要容易得多。所以，当记忆变得困难的时候，不妨通过想象事物的画面协助记忆，越生动形象，记忆效果越好。试想一下，用文字描述一个城市的地理位置和直接呈现地图信息，哪个更容易被你记住？

4. 联系已知

找个方法把新信息与已知信息联系起来，例如，在识记位置时，以自己所知的方位作为"锚"进行记忆，就会变得非常简单。

5. 主动回忆

前面的 4 个步骤都是打开信息进入大脑的通道，主动回忆则是从大脑提取信息的过程。长时记忆的图书馆容量惊人，只有不断检索和回忆，才能在需要的时候准确、高效地找到存放的信息。那么，你会主动回忆学过的知识吗？在睡觉前、散步时、放学路上……

生命知识窗：神奇的记忆宫殿 ▷◁

记忆宫殿这一技巧最早由古罗马著名哲学家西塞罗提出，他曾经利用它来记忆自己的演讲稿，距今已有 2000 多年的历史。现代研究表明，使用这一技巧可以改变大脑，帮助拥有更好的记忆力。

记忆宫殿利用了大脑惊人的视空间能力，即对方位、图像、明暗等的感知能力，来帮助准确记忆大量的内容。所以，记忆宫殿需要首先找到一个自己所熟悉的地方 / 场所作为记忆工具。想象一个你所熟悉的地方，比如你的家、学校或者城市，空间大小不限；然后在脑海中想象自己在家中到处走动，把你需要记住的东西以图像的形式"放"在家中的各个地方，如果可以，这个图像可以更生动一些；然后想象自己在家中走动，看到了它们，甚至还可以和它们交谈。这样，记忆宫殿就进行完毕，通过回忆可以不断强化大脑加工速度，进而提高记忆速度和准确性。

三、被动受测和主动自测

你喜欢考试吗？你如何看待考试的意图？

我想，可能没有多少学生喜欢考试，因为过去的经历告诉我们，考试总是会让我们暴露自己做得不够好的地方、与别人的差距，甚至还会因此丧失信心、焦虑不安或者受到相应的惩罚。但有意思的是，科学研究发现考试是最有效的学习策略之一。

考试是在记忆中检索知识，并运用知识解决问题的过程。从记忆中检索知识是夯实认知的最好办法，一方面这能清晰呈现出你的已知与未知，据此指导自己未来的学习，另一方面还可以在检索的过程中巩固记忆，那些已知的会变得更清晰，并且在运用知识的过程中强化知识之间的联结，活学活用。当我们开始认识到考试对于学习的价值时，也许就会放下面对考试的焦虑，能够以更具成长性的思维来增强学习效果——关注学习的过程而非结果，关注对知识的掌握而非成绩的排名。

理想的状况是，每学习一个新的知识就有一次考试，当外部测试不够的时候，我们可以通过主动自测的方式来检测和巩固学习。有一种很好的方法可以毫不费力地进行自我测试，同时还能够加深对知识的掌握和运用，就是"费曼技巧"——向他人解释你正在学习的知识。物理学家费曼就是这样拥有了无限的学习力与创造力，每当他学到一个新的知识，他就会把这个知识解释给自己的妈妈听。给他人解释你正在学习的知识，可以帮助你理解困难而复杂的知识，从而将新知识融入知识体系中。下次遇到请教你的同学，耐心细致地帮他解决问题吧，你一定会收获良多。

在学习过程中，有意识地进行学法反思是值得且必要的事情，你会不断摸索出最适合自己的策略，从而逐渐打造出自己独特的心智模式。

学无止境：与学习终身为伴

终身学习并不在于积累大量的知识，而在于自我成长，通过不断学习的方式，铺就遇到更好自己的彩虹之路。

一、保持好奇，拓宽视野

在车马很慢的年代，信息的获取本身就是一件不容易的事情，知识获取就成了学习的重要部分。而当下则是信息爆炸的时代，

铺天盖地的知识、信息裹挟着人们，因为知识获取太过容易，便会让人不自觉地懒于发问。

保持终身学习的习惯，需要对生活的种种提出疑问，对探究事物本质产生好奇，探索未知与已知的联系；"读万卷书，行万里路"，学习跨领域的知识，主动跳脱认知舒适圈，打开眼界与格局。

二、不惧挑战，勇于尝试

时代的发展催生出技术的变革与发展，互联网普及、自媒体兴起、短视频走红、交互式体验大行其道、AI 技术崭露头角……每一个新现象的发生都迫使我们接受挑战。终身学习意味着紧跟时代发展步伐，接受日新月异的挑战，敢于尝试新的学习与生活方式，并能够以多元方式进行成长，比如，博览群书、谈话聊天、网络学习、实践尝试、合作学习、研究式学习等。

三、培养习惯，正面反馈

"饭可以一日不吃，觉可以一日不睡，书不可以一日不读。"嗜书如命的毛主席是这样说的，也是这样做的。他一生都在孜孜不倦地读书学习，哪怕是在兵戈扰攘、艰苦卓绝的战争时期，书籍都常伴左右。

培养一个习惯并不容易，你可以通过制定目标和设定时间期限来培养持续学习的习惯。比如，根据你三年后想要达到的目标，从长期目标倒逼，分解确立出阶段性目标，换算出第一年、前三个月以及今天应该完成的任务。当然，你可以只是培养一个每日习惯（阅读、运动、乐器等）来获得终身成长。

生命的发展必然会经历挫败，正面反馈能够让我们拥有"让自己好起来"的能力，带来更多的积极体验，也更有助于维持终身学习的习惯。设定一个与你自己紧密相关的目标，当你遇到瓶颈的时候，可以将积极的成效反馈给自己而获得复原的力量，比如与他人主动分享自己的收获，或者将自己的成长与成效记录下来。

学习是持续一生的事业，不会因为走出校园、告别学生身份而中断，相反，人生前十几年的学习经历正是打开更广阔学习平台的敲门石。正是因为持续的学习，生命的宽度才能够被无限拓展，我们才能与更多的精彩、成长和美好相遇；正是终生与学习为伴，生命的厚度才得以不断累积，超越困苦、悲痛与磨难，我们才能找到真正的寄托。《韩诗外传》中说："学而不已，阖棺乃止。"每个人都应该保持这样的态度，对生命好奇、向生活发问，保持终身学习习惯，不只在不确定的世界中安身立命，更要拥有欣欣向荣的蓬勃生命力。

第十二课 ｜ 笑对挫折：疾风知劲草

　　痛苦这把犁刀，一方面割破了你的心，一方面掘出了生命的新的水源。

　　　　　　　　　　　——罗曼·罗兰《约翰·克利斯朵夫》

认识挫折：一枚硬币有两面

一、你经历过挫折吗

作为一个鲜活的生命个体，我们的行为总是指向于一定的目的，比如说通过努力学习，获得一个好成绩，通过善待他人，受到别人的认可和尊重。有些时候，我们的努力会得到相应的回报，有些时候则未必如此。当我们在实现目标的过程中碰到了困难、遇到了阻碍，无法实现心中的愿望时，就会经历挫折。

"并不是要经历生离死别才算挫折，在生活中，一件小事也会

给人显著的挫败感。初中时我在班上有一位好朋友，我们每天形影不离，我特别开心，但是不知道从哪天开始，另外一位同学加入了我们两人中间，慢慢地，她俩越来越亲密，我感到自己像被抛弃了一样。"

"升入高中后，面对陌生的环境、陌生的同学，我适应得不好，导致了学业上的滑坡，我无法接受这个打击，不禁产生了想要辍学的念头。"

这样的挫折经历在中学阶段并不少见，在成长的岁月中，中学阶段是特殊的，它既是一个朝气蓬勃、充满活力的时期，同时也是一个充满压力与挑战的时期，学习挫折、交往挫折和情感挫折总是与这一时期的你不期而遇，成为你生活中最常遇到的"挫折三剑客"。

学习挫折不难理解，学习作为成长过程中的重要任务，是青少年生活最主要的内容，随着学段升高，学习难度会增大，学业压力也随之加剧，难免会有力不从心或难以如愿的时候。

自从进入青春期，同伴的重要性就日益超过了青少年的任何其他人际关系，当受到同伴的疏远或者感到无法融入同龄人的圈子，人际联结无法建立，归属感的需要就无法被满足，由此产生交往挫折。

情感挫折则可能来自家庭变故、异性关系受挫或同性友谊中的欺骗与背叛。

没有人喜欢挫折，却也没有人完全躲得开挫折，这意味着我们不仅要学会如何在风和日丽的日子扬帆出海，还要学会如何度过风雨交加的日子而不至于折戟沉沙。因为"幸福的获得，不仅取决于你能否得到想要的部分，还取决于你如何与不想要的部分和平共处"。

二、挫折的消极面

如果你刚刚经受过挫折，就会注意到它带来的消极影响。

挫折首先会影响你的情绪，让你变得脆弱。你可能情绪低落，闷闷不乐，心里像有一块石头堵着，做什么都轻松不起来；可能非常失望、沮丧，同时又感到深深的无助；也可能感到愤怒，看什么都不顺眼，总想找个机会发火；当挫折比较大或者持续时间过长，超出应对的范围时，你甚至会产生耗竭感，觉得自己像被抽空了所有力气，心中只剩下疲惫和麻木。

挫折也会影响你做事的热情，让你想要放弃。当你反复尝试仍然无法解决问题时，不免会怀疑自己能力是否足够、别人对自己是否公平，越是怀疑，就越容易觉得坚持下去没有意义，即使对于那些之前在意的事情，也会变得态度冷淡、想要逃避。而那些不需要耗费精力、没有意义的事情——比如打游戏、玩手机，反而会深深地吸引你。

挫折还会带来人际上的疏离，你对别人的信任感降低，不再轻易向人敞开心扉；你想要远离人群，把自己包裹起来；你变得敏感，别人无意的冒犯也会让你难以忍受，你比以前更加容易冲动和富于攻击。

此外，挫折可能还会带来身体上的消耗，你吃不下饭、睡不好觉，感到疲乏无力，提不起精神……

这就是挫折的杀伤力，它带来了巨大的心理压力，人们在压力之下会产生以上种种本能反应，所有人都会如此，不单是你。

所以，当你在挫折中感到无助、脆弱、不安，感到自己正变得越来越差，不必因此而自责或恐慌，这是正常的，就像手被钉子扎伤，你会感到疼、伤口会发炎一样，都是正常反应。但是你知道，一颗钉子废不了一只手，更废不了整个人，同样，一次挫折，也荒废不了整个人生。

三、挫折的光亮面

除了带给我们伤害的一面，挫折还蕴含着光亮的一面。

挫折引领我们认识生活、尊重规律。它向我们展现生活的真实——就像大自然不总是晴空万里，还有阴云密布和风雨交加，人生也是如此。我们总会在人生的某个时刻不期然地遭遇挫折，在那个时刻，我们看到了真实的而非想象中的人生，这会带给我们失望，让我们想要逃避，但我们终将明白，挫折是生活的一部分，如果不想逃避生活，就必须直面挫折。一如罗曼·罗兰说的，世上只有一种真正的英雄主义，那就是认清了生活的真相后依然热爱生活。

挫折促使我们反思自我、沉淀历练。孟子说，行有不得，反求诸己，意思是说，如果行动没有达到预期的效果，就应该反省，从自己身上找原因。当我们遭遇挫折的时候，不也正是反思自我的时候吗？

挫折如明镜，照见我们身上的种种不足，不受人欢迎有我们自己的责任吗？是性格上的弱点，还是人际交往技巧欠缺？是付出不够，还是苛求太多？看到自身存在的问题并加以改正，我们会变得比之前更好，所谓"吃一堑，长一智"，说的就是这个意思。

自我反思必然伴随着自我挣扎，这个过程充满痛苦，于成长却不可或缺，一如毛毛虫不经历挣扎就无法蜕变成翩跹的蝴蝶。一次次从挫折中反思和历练的过程，就是成长的过程。

挫折增强我们的承受能力。试试这个实验：准备两个完全一样的杯子、一张 A4 纸、一盒牛奶。将两个杯子间隔一定距离倒立放置，把纸平放在杯子上，再将盒装牛奶放在纸上。你会发现，薄薄一张纸无法承受牛奶的重量，纸面瞬间被压塌。然而，依然是这张纸，如果你将它像折纸扇一样折出密集的褶皱，再将盒装牛奶放上去，坍塌就不容易发生。

你可以从物理学上得到专业的解释，也可以从中发现这样的心理寓意：过于平顺的人生，遇到点挫折就容易崩溃；经历曲折考验的人生，能承受更大的考验。

挫折激励我们奋发向前，超越局限。往小处说，个体的成长与成才从来不是一帆风顺的，且不说古今中外涌现过多少在挫折中奋发与超越的典范，他们激发了后来者的勇气，璀璨了历史的星河，仅就你的成长而言，如果在第一次挫折之后就放弃，你甚至永远学不会走路、吃饭和说话。

往大处说，人类文明的发展可以说是饱经风霜、历尽坎坷，正是不服输让它从未停止向前。从穴居山洞到遨游太空，从结绳记事到智能手机，如果历史上那些重要的变革一遇到阻力就止步，那些伟大的发明一遇到障碍就放弃，我们无法想象今天的生活会是什么样子。

无论是作为个体生命的一部分，还是作为人类生命的一部分，挫折都是我们永不停步、不断超越的起点。

挫折还提醒我们珍惜幸福、心怀慈悲。歌德说，未曾哭过长夜的人，不足以语人生。这个世界上有各种各样的挫折，没有经历过的人很难感同身受，但当你从生活的打击和挫折中走出来，就会深深感激自己是多么幸运，也会生出更多的同理心去体谅别人，这是你真正与他人发生联结的开始，也是产生幸福的源头。

四、不做"蛋壳人"

如前所述，挫折是一柄双刃剑，既可能伤害我们，又蕴藏着成就我们的机会，是放任它的破坏性，还是开发它的潜在价值，关键在于执剑人。而在实际生活当中，不少人却只看到甚至放大了它的阴暗面，放弃了在挫折中的成长。

有一类人，当他们遭遇挫折，受到影响的程度似乎比一般人要严重得多，他们动辄感到自己遭遇了前所未有的打击，受到了世界上最严重的伤害，以至于对自我、对他人、对世界产生了怀疑，轻而易举就被困难打败，不假思索就决定停止努力，甚至放弃生命。他们外表个性十足，内心敏感脆弱，只能接受成功，无法承受失败。一句话，脆弱是他们的本质。他们就像一枚蛋壳，虽然外形完整，但是内心极其脆弱，不能经受任何颠簸，轻轻一碰就产生裂痕，压力稍大就成了碎片。

然而对于个体成长来说，这样可以吗？答案是否定的。

首先，个体经验的积累、智慧的获得、心性的磨炼、自我的超越这些生命中最宝贵的成长果实，绝无一样是唾手可得的，无一不是披荆斩棘的礼物、大浪淘沙的结晶。从这个意义上说，拒绝了挫折与逆境的历练，就等于拒绝了自我成长的机会。

其次，生活充满了竞争与挑战，现在的你未来要面对的，将会是一个形势更复杂、竞争更激烈、压力更巨大的世界。如果在当下的学习与生活中，遇到困难就逃避，受到打击就放弃，如何能在未来生活的激流中站稳脚跟、稳步向前呢？从这个意义上说，放弃了承担当下挫折与逆境的责任，就等于放弃了胜任未来的能力，世界那么大，扛不起责任的人却寸步难行。

笑对挫折：疾风才知劲草

与"蛋壳人"不同，有些人虽然也会遇到种种压力、挫折和不如意，却既不会失控崩溃，也不会退缩气馁，更不会轻易放弃，无论遇到何种挑战，他们都带着坚定的信心、非凡的勇气，以高度的自律和不懈的坚持迎接生活的挑战。

如何成为这样的人？我们可以从以下三个方面努力。

一、充分准备，避免不必要的挫折

虽然挫折孕育着成功的机会和成长的可能，却并不意味着挫折越多越好，避免不必要的挫折，是对生命负责的表现。

古人云："凡事预则立，不预则废。"在日常生活中，对可能的挫折的预防准备得越充足，在突发状况面前陷入被动的可能性才会越小，没有必要的损失也就越少，而在突如其来的灾难面前，是否有准备，更是会带来截然不同的结果。

2008 年 5 月 12 日，四川省汶川县发生了 8.0 级特大地震，这是新中国成立以来在我国境内发生的破坏性最强的一次地震，巨大的破坏力瞬间让位于震中的汶川变成了一片废墟，约五十万平方千米地区受到不同程度的破坏，人员伤亡巨大，大量房屋倒塌，其中包括许多中小学校。

然而在距离震中只有几十公里的桑枣中学，虽然教学楼大多被震塌成为危房，全体师生却无一伤亡。在这里，仅仅用了 1 分 36 秒，2200 多名学生和 100 多名教师就安全地撤离到了操场，创造了"零伤亡"的奇迹。抗震奇迹的诞生，离不开他们的"最牛校长"叶志平。

因为叶校长不仅从接任校长之始，就坚定地推动危房的维修加固，更是将安全演练落到了实处——学校每个学期都会组织一次紧急疏散演习，每个班都形成了固定的疏散路线，多次演练的结果提升了每个人的避险能力，在危急关头挽救了全体学生和教师的生命。

二、激发韧性，增强触底反弹的能力

挫折会带来压力的加剧和成就感的降低，让人深陷困顿的泥潭，但总有一些力量支撑我们穿越暗淡，走向前方，这种力量，就是心理韧性。

心理韧性不是天才独有的特质，每个人天生都具有一定的韧性潜能，我们可以从以下几个方面去挖掘和培养它。

1. 自我对话、激发使命

使命感是一个人对自己天生属性的追寻，简单来说就是，我来世上是要做些什么的？一个有使命感的人，即使历经坎坷与挫折，也决不会轻易动摇。尼采说，一个人知道为什么而活，就可以忍受任何一种生活。

问一问自己，你想成为什么样的人？你这一生希望拥有怎样的生活？像现在这样，就算了吗？越是在艰难之中，越是要认真与自己对话，通过对使命感的追寻，找到重新出发的动力。

2. 接受事实、稳定情绪

如果遭遇挫折已是事实，不能改变，我们要做的是用最快时间接受它，而不是纠结和逃避。哲学家威廉·詹姆斯说："能够接受已发生的事实，就是克服任何不幸的第一步。"然后，给自己一些时间去休息和放松，让情绪得以复原。

3. 聚焦关键、击破难点

我们知道，放大镜可以聚焦太阳的光线，光线集中于一点，燃点很快就会到来，但如果你拿着它晃来晃去，光柱不断移动，就无法集聚能量。

人生也是如此，也许困住我们的是一个黑屋子，但顺利出逃只需要打开一扇门。当我们把精力投注在最关键的地方，就容易突破困境屏障，以点带面，星火燎原。而越是在混乱和困境中，静下心来分清主次、聚焦关键也就越重要。

4. 坚持不懈、决不放弃

世界乒乓球历史上第一位男子超级全满贯得主马龙，更是逆境坚持的典范。曾任中国乒乓球队总教练的刘国梁说，马龙是全世界最努力、练球练得最苦的乒乓球运动员，没有之一。然而，尽管几乎拿遍了大小赛事的冠军，马龙却总在世乒赛、奥运会、世界杯三大赛的关键时刻落败，无缘冠军。在好几年的时间里，三大赛成了他的心结，让他几乎崩溃，甚至考虑过退役，然而痛定思痛，他选择了坚持，"当身处深渊，退无可退的时候，眼前就只剩下向上走的路"。

当身处逆境，使命感让你产生反弹的渴望，情绪稳定让你保持理性，聚焦关键让你找到突破口，坚持不懈让你不轻易放弃，这就是心理韧性的力量。

如果用一辆车打比方，使命感就是轰鸣的引擎，情绪稳定是可靠的刹车，聚焦关键是牢牢的方向盘，坚持不懈就是滚动的车轮，它们通力合作，才能护送你走出泥泞、抵达远方。

三、积极转化，培养成长型思维

面对困境和挫折，很多人会生出"这太难了""我能力不够""我不是做这个的料""我坚持不下去了""我要放弃"……的消极念头，这让他们产生自我怀疑，失去斗志，丧失信心。然而不是所有人都如此，差异就在于思维模式。

斯坦福大学心理学教授卡罗尔·德韦克通过研究发现，人群中具有两种不同的思维模式，一种是固定型思维，另一种是成长型思维。前者将能力看作一种固定的东西，你只有一定数量的能力，它是先天生成的，你无能为力。后者则认为能力是可塑的，通过学习和练习，可以不断提高。

思维模式的影响巨大，从感受到思考，从对待挫折的态度到做出应对的行为，无不是内在思维模式的外在透射。

固定型思维的人不喜欢挑战，他们害怕失败会暴露自己的无能。成长型思维的人则会直面挑战，因为每一次尝试都是学习的机会。

在需要大量练习的事情上，固定型的人因为看不到希望而无法长久坚持，但成长型思维的人会用百倍的毅力坚持不懈。

面对批评时，固定型思维的人因为无法忍受否定而拒绝接受，而成长型思维的人则会吸纳中肯的建议。

在他人成功时，固定型思维的人感到自己受到了威胁而疏远对方，成长型思维的人则相信他人的经验能为自己带来启发。

最终的结果就是，固定型思维的人在挫折面前停滞不前，而成长型思维的人通过不断努力，充分成长为自己最好的样子。

你是固定型思维，还是成长型思维呢？

其实，每个人的思维中都既有固定型，又有成长型，它们就像我们脑子里的两个小矮人，不断在打架，我们要做的就是将固定型思维转化为成长型思维。

比如：将"又考砸了，我每次都考不好，实在是太笨了，再努力也没用，我应该放弃"转化为"能力是可以培养的，只要我把漏掉的地方找出来，肯定会有进步，我决不放弃"。

将"这次竞选失败了，因为我一站到台前就紧张，我太不适合登台了，还是躲起来安全些"转化为"我只是还需要时间练习，如果每次都躲，我永远都无法从容。把每次登台当练习，就会越来越好"。

转化的关键，就是把"不好"和"不行"变成"还不够好"与"尚需努力"。转化的结果，就是让我们心中有远方，可以容纳当下的曲折，眼中有光亮，可以熬过眼前的至暗。

第十三课 | 幸福人生：感受美好，建构幸福

　　人生需要很多幸福，取决于机缘和命运的幸福是可遇而不可求的，但是对于其他种类的幸福，我们大有可为。

——威廉·施密德《幸福》

幸福的人生是相似的

人人都希望自己幸福，不同的人关于幸福的定义不同，追寻幸福的方式也千差万别。袁隆平的幸福是潜心杂交水稻的研究，解决全球粮食饥荒问题；钟南山的幸福是守护亿万民众的生命健康，筑起抵御疾病的铜墙铁壁；扎根贫困地区，助力山区女孩圆梦大学，则是张桂梅的幸福来源……你的幸福呢？你是否已经觅得它的踪影？

获得幸福的来源很多，一次愉快的体验是幸福，坚守一生的事业是幸福，突出的贡献与成绩是幸福，平平淡淡、享受当下也是幸福。无论是何种幸福，它们的本质都是相同的。有学者梳理哲学与心理学领域中对于幸福的描述与定义，勾画出"幸福"的语义范畴。

幸福包含三个层次的内容，第一层含义是快乐感，快乐或愉悦的情绪感受，比较短暂。快乐的来源多种多样，一项研究发现，人们的主要快乐源泉有：与朋友交往、享用美食以及在某一领域取得成功的经历等，快乐产生的当下，幸福感也会随之而来。回想一下，你与好友畅聊天地、吃到一顿美味的大餐、攻克一个学习难题时，是不是不禁感叹一句：好幸福啊！

第二层是满意感，即幸福是对长期情绪感受的体验与判断，是对生活中经历的积极情绪与消极情绪的平衡，这并非数量的加减抵消，而是在自我认知体系里对不同情绪感受的赋值与平衡。当积极体验强于消极体验时，个体就会获得较高的满意感（幸福感）。

如果请你回答"你对自己的生活感到满意吗?"这个问题，在你思索这个问题的答案时，一定会想起一些快乐、积极的经历，也会想到让你悲伤的事情，但最终你会在自己的认知体系中为感受的重要性赋值，做出平衡，最后获得答案。现在，你的答案是什么呢?

第三层则是价值感，个体发挥出真正潜能，感到高自我价值，这种幸福感不依赖于足够多的快乐体验，而在于个人价值的实现，哪怕充满困苦，却仍能体味满足与幸福。这个层次的幸福感与生命意义相关联。比如，每当险情发生时那些舍弃小我的"逆行"英雄，他们参与救援感到紧张、焦虑、害怕，也因为无能为力而遗憾、自责和痛苦，但是他们仍然具有很高的幸福感，因为他们充分发挥了自我潜能投入到有价值的事情中。

真正的幸福人生应当同时包含以上三个层次的内容，既拥有感知和创造积极体验（快乐）的能力，也能够对过去、当下和未来抱有乐观期待与满足，最终无论是在人际生活中，还是自己的优势领域里，都能够找寻到生命的价值与意义。

拥有幸福的能力

幸福不是少数人的权利，幸福的能力却不是人人都有。如何才能提高幸福感水平呢?

一、珍惜当下，感知美好

人类大脑有一种负面偏好,相比于积极、美好的事情,那些消极、充满威胁的事情总是更容易被关注。这对于人类的延续发展是有益处的，因为这可以促使我们提高警惕,通过分析坏的事情获得经验进而避免重蹈覆辙。但是这种负面偏好缺乏选择性,人类在追求幸福的过程中也总是倾向于关注那些暂时还缺失、不足的地方，忽视已经拥有的美好。糟糕的是，这种负面偏好会带来不同程度的坏情绪，而坏情绪具有很强的侵占性，甚至会弥散到方方面面，影响健康生活，削弱获取幸福的能力。

可见，要想获得更多的幸福感，不一定需要创造更多的美好，可能只需要更细心地感知生活中已经拥有但被忽视的美好。积极心理学的"三件好事练习"是一个非常好的工具，可以帮助我们克服大脑的负面偏好，更敏锐地寻觅平凡生活中的幸福踪迹。

每天晚上睡觉前，花一点时间回忆当天的事情，找到三件好事（小确幸），将它们及发生的原因写下来。这三件好事可以是任何事情，只要它们让你感觉很不错。比如:

1.今天我买到了心心念念很久的杂志。因为，我在朋友圈求助,得到了一位朋友的帮助。

2.今天的晚霞特别漂亮。因为，好看的风景总是让我感到心情愉悦。

3. 今天我跳绳跳了 1000 下。因为，我希望自己能够保持运动的习惯，这是个好的开始。

每天留一点时间给那些容易被忽视的"小确幸"，美好的体验就会被感知和强化，从焦虑、不安、匆忙中获得宁静，也对生活抱有更积极的期待。通过记录"小确幸"可以帮助我们看到那些让自己产生积极情绪的事情，然后多多参与和投入到让自己快乐的事情中，体验更多的幸福。

生命知识窗：物质的满足会提升幸福感吗？

物质基础对于构建幸福生活是必要的，只有当生存需要被满足，才有可能追求更高的审美、精神的实现。但是，当今社会拜金主义、物质主义横行，将金钱、物质与幸福画上了等号。那么，物质的满足真的会提升幸福感吗？

经济收入或物质的增加，只能短暂提高满意度，这是因为当下的积极体验不能产生长期的影响，包括彩票中奖对幸福感的影响也仅仅是短暂的，几个月后就会恢复到原先的水平。心理学家与经济学家都发现，这是因为"心理适应"现象的存在，"久闻不知其香"是感官的适应，对新状态产生的兴奋的习以为常便是心理的适应。积极心理学家塞利格曼用"享乐跑步机"来形象地比喻这种状态，同时也提示人们，要真正去关注那些对稳定提升幸福感有用的事情。

二、丰盈生命，感受幸福

在丰富的体验中探索自己真正有成就感或价值感的事情，以热情、勇敢的姿态去追求，甚至你根本不必将自己局限于某一个角色或者事情中，而是抱有开放的心态来承担不同的社会角色，同时也沉浸于不同的事情中。

耶鲁大学心理学家帕特里夏·林维尔的研究表明，人们的自我形象复杂程度各不相同，一个人的自我形象越复杂，即扮演社会角色越多越重，在生活中的幸福感就越少波动。这是因为复杂多元的身份角色能够彼此支撑，一个角色经历挫折、失败导致的消极感受，能够被其他角色的积极体验消除或平衡，从而整体上的幸福感水平波动较小。比如，你既看重自己的学生身份，同时你也看重自己的子女、朋友、公民的身份，当某个身份暂时遇到挫折时，你会通过其他身份的积极体验来补偿这部分缺憾，而不会出现强烈的情绪波动。所以，那些拥有良好人际关系、不断探索新体验的人会更健康、更快乐。

每个人都有自己最为看重的事情和身份，这并不意味着可以忽视其他生命角色的存在意义，也许它们无法带来实实在在的回报，却是建构美好人生必不可少的基石。当生命被置于更广阔的背景，被赋予更为丰富的内涵，才是真正意义上的丰盈与成功。

生命知识窗：新时代的斜杠青年 ▶◀◀

　　几乎每个人都被问过"你以后想做什么"的问题。小时候我们在自己所知不多的职业库里搜寻那个看起来很不错的答案，医生、老师、司机、科学家、演员、餐厅老板、飞行员……以前，一个人倾尽一生的时间深耕一个领域、完成一份事业、拥有一个身份标签。

　　随着时代的发展，尤其在网络技术高度发达的今天，我们看到越来越多的人不满足于仅在一个领域、一个组织、一个岗位中发挥自己的能力，而是开始在不同岗位、不同领域中尝试，身兼多职，拥有多重身份标签，不断扩展生命的丰富内涵。这些人被叫作斜杠青年，比如，小文的标签是医生／作家／科普讲师／业余脱口秀演员。

　　斜杠是一种新的生活方式，内核是追求多元、丰富、有趣的生活体验，看重自我价值的充分实现，在探索与胜任之间找到联结，在工作与生活之间找到平衡，并以此为支点不断获得更高的生活掌控感与幸福感。

三、专注投入，体验成就

　　你上一次感到特别开心或者幸福的时刻是什么？它是你花费心思、刻意设计才获得的体验吗？

　　拥有幸福的人生是每个人的目标，大多数也都通过自己的方式不断奋进，努力触及心中的幸福标准。但是，幸福似乎不是一个"越追求越拥有"的事情，反而越是用幸福的标准去衡量生活的大小之事，越会不自觉地注意到那些缺憾，反而离幸福越远。心理学中有个概念叫"心流"，指的是人们在专注进行某项活动时所表现的沉浸其中、知行合一的状态，忽略幸福与否，反而收获幸福。比如艺术家在创作时、运动员在竞技过程中的体验，当然如果你专注地解决一道难题，或者拼插乐高、投入游戏等也可能会体验到心流。

心流产生的同时会有高度的兴奋及充实感，也会产生幸福体验。米哈里·契克森米哈赖提出心流体验的几个要素，指导人们在生活、工作和学习中更多地获得心流体验，提高幸福感。

1. 能够主动投入其中的活动

这些活动需要投入精神能量，并且必须具备适当的技巧才能完成，比如阅读、与他人相处、自己喜欢或倾向于参与的事情、竞争性的环境等。

2. 知行合一、全神贯注、浑然忘我

摒除干扰因素，全神贯注、忘我地投入到一项活动中，比如舞蹈者行云流水的表演、在与朋友互动时完全忘记外面的环境等，甚至连自己在投入过程中的具体感受都无法记起，但事后却感到满足。

3. 明确目标与即时反馈

学着去为自己的事情确立目标，辨认并评估结果反馈，这样

的方式不仅可以帮助你做好规划，还能在评估与反馈中强化积极体验，从而获得成就感与乐趣。当然，这里要注意，评估的内容不一定是"输赢、好坏"的结果，而是要尽可能关注过程中的体验和收获。

4.掌控感

具有"控制感"，不必时时担心事态会失控，也不必担忧自己的表现如何。通过不断练习来增强自己的技能，进而提高对于事情或活动的掌控感。

当你为自己创造出满足以上因素的机会，便能享受专注、投入带来的幸福体验，当生命的经历与这种极大的享受与满足感相关联，哪还有理由不感到幸福呢？

四、转换视角，保持积极

谈论幸福的时候，我们总是会最先将其与快乐、满足的积极情绪联结起来，确实就如前面所讲，积极情绪是幸福的重要基石。但是，这可能也会导致一个认知误区：幸福就是追求积极体验并避免或否认消极体验的价值。这不仅无助于幸福感的提升，还会使人陷于更大的焦虑、抑郁之中，因为生命无法避免痛苦。

美国心理学家斯蒂芬·哈里森曾说："如果我们要过完整的人生，就要体验人类的所有情感。……作为人类我们都面临着这个事实，我们迟早会变得衰弱，会生老病死；迟早会因为拒绝、分离或死亡而失去重要的人际关系；迟早会遭遇危险、失望和失败。

这意味着我们会以各种方式体验到痛苦的思想和情绪。"痛苦与快乐并存是生命程序中的固定代码，无法更改，也无力躲避，每个人都不该为了追求幸福而试图逃脱痛苦。丰盈人生的最好办法是用积极的态度接受生活的一切馈赠。

也许你已经知道，事情本身不是导致情绪反应与行为结果的原因，而是对于事情的看法导致了相应的反应。就如一个小故事：

有一个老妇人，她有两个儿子，一个卖布鞋，一个卖伞。雨天的时候，她担心卖布鞋的儿子生意不好；晴天的时候，她又担心卖雨伞的儿子生意不好。于是她整天闷闷不乐。有一天，一个人对她说："雨天，你卖伞的儿子生意就会大好；晴天的时候，你卖布鞋的儿子就会卖出很多的鞋。这样看，你是不是无论雨天还是晴天，都应该感到高兴呢？"于是，老太太就天天快乐了起来。

国际积极心理学会第一任会长迪尼尔对不同幸福感水平的人群进行了对比研究，结果发现那些幸福感得分前 10% 的人群所经历的客观积极与消极事件与其他人无异，但是他们却能产生更高水平的幸福感受。区别在于，对事情不同的诠释能使他们更加迅速地恢复。可以说，幸福是一种选择。就像上面老妇人的故事一样，我们无法控制发生的大多数事情，却可以通过转换认知角度，选择积极的态度来对待和评估它们，那么这些事情带来的影响就自然会发生改变。

梦想成就蓬勃人生

有人说，梦想是浸润人生的斑斓底色，能够创造生命的无数惊喜；也有人认为，梦想是与赤诚自我的一场对话，指引迷茫不决的方向；当然，梦想也是奔赴未知前路的勇气，或可迎来一场酣畅淋漓的拼搏……

常言道，梦想可以照亮生活。你有梦想吗？你的梦想是什么？你为此做过什么努力？

梦想包含了对理想自我的确立、对未来生活的积极期许，它不仅仅是一个美好的目标，更是一份使命，它或许是对某个职业身份的追求、对某种美德的坚守，也可能是对一种生活状态的向往。梦想需要不断探寻，生命中的每个经历都构成梦想的重要片段，一起

拼凑出清晰的梦想图像。所以，不要因为梦想的耀目只记得抬头仰望，对平凡生活的投入和体悟也能创造与梦想不期而遇的惊喜。

梦想有时"高高在上"，抵达梦想的过程并不容易，或是挫折，或是嘲笑、自我怀疑，甚至最终擦肩而过，但这并不妨碍每个梦想都值得开始。《少有人走的路》一书写道："履行使命并不保证能得到快乐，但却能让生命具有意义。"追寻梦想的过程中，我们的心灵感到富足和充实，内心得到最大的满足，我们的每一份行动也能够在不同程度上满足社会的需要，承担起生命被赋予的多元责任。

那么，你的梦想是什么呢？若暂时没有，就让自己认真生活，留一份期待；若梦想已在，"仗剑天涯"，不负青春。梦想并非遥不可及，它与平凡生活相伴相依；梦想也并非难以企及，它与脚踏实地相辅相成。向着月亮出发，纵使不能抵达，也能站在群星之中闪闪发光。

什么是幸福？这个问题是没有标准答案的。人人希望幸福，却也不必将追寻幸福当成人生的第一目标，一些研究表明，"当人们高度重视自己的幸福感时，会导致幸福感降低，尤其是在他们最希望感到幸福的情况下"。或许，做好当下的事情，学着乐观、感恩、平和，积极面对生命中的一切馈赠，幸福就会轻叩大门。